一日不足夠，
半日也幸福，
走進脫胎換骨的
東京！

東京半日慢行

張維中 著

原點

CONTENTS

CHAPTER 1

幸福散策路線

008 1 都電荒川線之旅
032 2 森下・清澄白河散策
044 3 下町谷中慢慢走
058 4 墨田區押上、向島散步
068 5 門前仲町的散步
076 6 慢步藝文氣息高圓寺
086 7 多彩的村上春樹，和其故事巡禮
096 8 目黑川沿岸散步之路
110 9 走過太宰治的三鷹
116 10 和洋交錯神樂坂
124 11 澀谷的重生

CHAPTER 2

能量發信地

136 1 **新宿** 花園神社
142 2 **上野** 湯島天滿宮
146 3 **調布** 深大寺
150 4 **新橋** 烏森神社
156 5 **神田** 神田明神&湯島聖堂
162 6 **秋葉原** mAAch萬世橋
170 7 **秋葉原——御徒町** 2k540 AKI-OKA ARTISAN & CHABARA
178 8 **千代田** 3331 Arts Chiyoda
184 9 **埼玉所澤市** 角川武藏野博物館
190 10 **原宿——澀谷** 山陽堂、SPBS
198 11 **北區十条台** 赤煉瓦圖書館
204 12 **新宿** 新國立競技場（東京奧運主場館）
208 13 **町田市南町田** 史努比博物館

CHAPTER 3 半日多一點

214 1 鎌倉，湘南海岸人情味
228 2 東京綠洲高尾山
238 3 小江戶川越
248 4 橫濱浪漫港邊風情
258 5 藤子・F・不二雄博物館
266 6 大宮 鐵道博物館

CHAPTER 4 東京歲時記

274 1 **春日東京**
替春天暖場的河津櫻與女兒節人形展
282 2 **夏日東京**
喧騰的神社祭典，以及花火大會
290 3 **秋日東京**
愛宕神社爆黃的深秋銀杏，
及昭和紀念公園的紅葉禪味
298 4 **冬日東京**
寒冬裡的繽紛！
聖誕華燈、新年初詣、滿開梅花祭

序：東京半日慢行

一日不足夠，半日也幸福

東京是一座不安於現狀，從不停止變化的城市。在國境封鎖的兩、三年期間，世界上有許多的觀光城市彷彿都停滯進展，失去了觀光客以後甚至變得凋敝，然而，東京卻依然保持進化。重返東京，你會發現，在你無法到訪東京的這段日子，東京一直努力在做好跟你見面的準備，要讓你看見它最好的一面。於是，城市裡許多的老舊設施和景點，進行了徹底的翻新及改造；新的建設也如火如荼按照都更計畫，在各個角落依序誕生。

難得可貴的是，這樣一座變化快速的都會，卻從未捨棄掉慢節奏的情調。雨後春筍冒出的新鮮景點固然吸睛，但只要轉個彎，岔出一條觀光客不容易注意到的小徑，通往的就是一個生活感濃郁，讓人得以放緩腳步，放鬆身心的日常東京。

久別重逢還是愛，那就是東京眞的值得被愛了。春夏秋冬，東京更迭著不同表情，每一種都無法讓人不愛。在任何一個季節到訪東京，旅人都能享受到迥異的散策風情。

我將許多年來，住在東京百去不厭的地方記錄下來，如果好朋友來到東京，這就是我會想要帶他們去的地方。希望喜歡東京的你，或者還未喜歡上東京的你，也可以從這本書裡，慢慢走，走出自己對東京的燦美記憶。

東京一日不足夠，半日也幸福。東京，擁有這樣的魅力。一個早上也好，一個下午也行，當我們有能力在短短的東京半日間，怡然自得地發掘出新鮮體驗，並留下美好的回憶時，我們一定也能夠舉重若輕地化解生命裡的百無聊賴，創造出別人沒有發現的秘密。那一天或許將會明白，半日東京的魅力，其實，不只有半日，也不只是東京。

1

1

幸福散策路線

上午或者下午，
一天的一半，各自拉著我，向幸福爭寵。

1 都電荒川線之旅
2 森下．清澄白河散策
3 下町谷中慢慢走
4 墨田區押上．向島散步
5 門前仲町的散步
6 慢步藝文氣息高圓寺
7 多彩的村上春樹．和其故事巡禮
8 目黑川沿岸散步之路
9 走過太宰治的三鷹
10 和洋交錯神樂坂
11 澀谷的重生

1

都電
荒川線之旅

とでん　あらかわせん

ー漫遊下町風情ー

都電荒川線 的新暱稱是「東京櫻花電車」。

PLAN 1

都電荒川半日路線

三之輪橋站
1 三之輪橋
2 菊（お総菜の店 きく）
3 中島弁財天、papa Noel
4 和菓子相州屋
5 とりふじ（Torifuji）
6 砂場總本家

飛鳥山站
7 飛鳥山公園
8 紙博物館
9 竹しげ（Takeshige）
10 音無親水公園

庚申塚站
11 一福亭（いっぷく亭）
12 巣鴨地藏通商店街

鬼子母神前站
13 鬼子母神堂

早稻田站

曾幾何時，緩慢走在舊城區的荒川線，這唯一的都營路面電車，成爲旅人熱愛的老東京路線。

對於行走在路面上的有軌電車，我一向很情有獨鍾。東京都內在一九〇三年開始，自用車不普及、地下鐵和公車線路仍未開通的時代，和印象中的老上海與香港一樣，市內的交通是以路面電車為主的。

路面電車在最盛期，多達四十一條系統，穿梭在東京都內各個重要的地點。後來，隨著地下鐵和公車線路的發達，路面電車的搭乘人次逐漸減少，從一九六七年起到一九七二年之間，逐步撤除路面電車，到最後由都營所經營的路面電車只剩下唯一的一條，從三之輪到早稻田的線路被保留下來，這就是現在來到東京旅遊，愛好路面電車的人絕對不會錯過的「都電荒川線」。

荒川線被保留下來的原因之一，在於這條路面電車行走的區域，恰好沒有直接能夠串聯起來的地鐵。另外，荒川線一半以上行走過的區域，多屬於日文中所謂的下町，也就是舊城老街的區域。

這一帶有不少年邁的居民，因為行動不方便，像是荒川線這樣的路面電車，行走緩慢，上下車因為都在路面上，相對地鐵來說不用爬上爬下的，所以保留下來也算是照顧這一區的年邁老人。

不過，曾幾何時，荒川線倒是意外地成為熱門的觀光景點。因為荒川線是東京都內唯一僅剩的路面電車，所以讓喜歡下町風情的旅人，和愛好路面電車的鐵道迷相繼拜訪，在這裡找尋到了有別於繁華東京的印象。

都電一日乘車劵

荒川線從起站到終站，行走時間約五十分鐘。途中沒有平行的電車路線，但經過的不少站，都有交會的地鐵站形成縱線的交通網。車價全程統一爲日幣一七〇圓，孩童票日幣九十圓。觀光客若想沿途隨時上下車，可在各站窗口購買「都電一日乘車劵」，只要日幣四百圓即可以一天當中無限次搭乘。

TODEN
ARAKAWA LINE

路線 1

三之輪橋站

みのわばし

1 三之輪橋
2 菊(お総菜の店 きく)
3 中島弁財天、papa Noel
4 和菓子相州屋
5 Torifuji(とりふじ)
6 砂場總本家

SPOT 1

三之輪橋

昭和時代東京老城區

都電荒川線的起訖點是新宿區的早稻田和台東區的三之輪橋（三ノ輪橋）。三之輪橋站有一條商店街，保留了昭和時代東京老城區的風格，是都電荒川線上代表性的下町風情之一。在天氣好的下午，我決定放緩匆忙的都會腳步，搭上緩緩搖晃的路面電車荒川線。一走出終點站三之輪橋站時，就能立即感受到迴異於東京都心的氣氛。

都電荒川線的三之輪橋站非常有歷史感。經過保留與整修的工程以後，這個車站已被評選爲「關東百選認定車站」之一，因此在觀光能見度上也大幅提高。許多喜愛報導下町散步的電視節目或雜誌特集，經常不會錯過介紹這一帶。雖然透過媒體爲人所知了，但所幸這裡仍保有了小鎮的寧靜感。來到此地散步的民眾，也懂得保有緩慢的節奏，融入當地的步調。

步出車站，連一旁改建的公共廁所，都刻意設計成三、四十年前的復古風格。幾家賣著和菓子或餅乾的老店鋪，算是三之輪橋站的玄關了，渲染出如同電影《幸福的三丁目》裡那樣老舊卻可愛的色澤，引領我踏進三之輪橋商店街。

（左）東京都內僅存的都電荒川線路面電車。（中）路面電車緩緩駛入站內。（右）三之輪橋站被評選為「關東百選認定車站」之一。（上）設計成三、四十年前的復古風格的公共廁所。

住 東京都荒川區南千住1-19-2
營 10:30-19:00／週日休

SPOT 2

都電名物「菊」

紅生薑天婦羅

三之輪橋站商店街雖然聚集了許多老鋪，不過，整條天花板覆蓋著遮棚的這條小街道，卻整治的十分清新乾淨。建築或許陳舊，但不讓人感覺陰暗老朽。

我對三之輪橋站商店街的最深印象，就來自於傳說中的「紅生薑天婦羅」。天婦羅是炸物的總稱，比如炸蝦、炸蔬菜等等，都可泛稱爲天婦羅。至於紅生薑則是牛丼飯店如吉野家能看得到的那種紅色條狀紅色生薑絲。很少聽過這兩樣東西能結合在一起的，不過，紅生薑天婦羅卻是三之輪橋商店街的名物。因此，來到這裡，無論如何都要先找到這間店了。

這間名爲「菊」（きく）的炸天婦羅小店，在這裡開了二十多年，嚴格說起來並不算是老鋪，但整個店面的氣氛，卻很有歷史感。面門口矗立著一支黃色的旗子，上面果然寫著「都電名物紅生薑天婦羅」。雖然店裡也有賣其他種類的天婦羅，但幾乎上門的客人，全都指定要紅生薑。

一枚不到日幣一百圓的價格，只有在下町才可能出現。紅生薑天婦羅的口味果然美味，雖然是油炸物卻不油膩，據說對身體也相當有好處。商店對面有一個小公園，走累了，就在這裡休息一下吧！吃一塊紅生薑天婦羅，待會兒再上路。

（上）洋溢懷舊風情的三之輪橋站商店街。
（下）招牌炸物紅生薑天婦羅。
（右）三之輪橋站商店街內的炸天婦羅小店「菊」（きく）。

中島弁財天 **住** 東京都荒川區南千住23
Papa Noel **住** 東京都荒川區南千住1-19-2 **營** 11:00-19:00／週日、一公休

SPOT 3

中島弁財天、Papa Noel

昭和時代東京老城區散步

商店街角落有一處名爲「中島弁財天」的迷你神社。小雖小，卻是鎮守三之輪商店街的能量之地。大正時代這裡曾有一座大眾澡堂（錢湯），原本這尊弁財天供奉在女湯休息處的中庭，但錢湯在關東大震災時損毀歇業，獨留這尊神像被後人安置於此。弁財天主管藝術領域，所以從事藝術工作者別忘了到此朝聖一下。

Papa Noel（ぱぱ·のえる）是一間販售自家烘焙咖啡豆的小店，喜歡在旅途中買咖啡豆的人可以來逛逛。不知道選哪一款咖啡比較好？那就挑當店招牌，自家焙煎的「都電BLEND」綜合咖啡吧！

三之輪橋商店街裡開的多半是很在地、很生活化的店鋪。像是青菜魚肉店，反應出當地人的某種性格。雖然不是住在這裡也不是眞來買菜的，但逛著這些店面，便看見了另外一種生活的臉譜。

（上）主管藝術領域的弁財天。
（左）三之輪橋商店街裡多半是很在地、很生活化的店鋪。
（右）販售自家烘焙咖啡豆的小店。

和菓子相州屋 **住** 東京都荒川區南千住1-20-4 **營** 10:00-17:00（週五、六、一：10:00-17:30）／週日休
Torifuji（とりふじ） **住** 東京都荒川區南千住1-30-8 **營** 09:00-19:00／週一休

SPOT 4.5

相州屋、Torifuji

和菓子、串燒與炸物，散步日和佐小吃

走在老城區下町的街道裡，絕對不會缺席的就是和菓子店。在三之輪橋商店街裡的這間「相州屋」也是間挺有歷史味的老店。秉持著往昔流傳下來的技法，相州屋的招牌日式點心是手工吹雪饅頭與丸子。日本人所謂的「饅頭」其實指的並不是我們印象當中的饅頭，而是包子，並且大半都是豆沙餡的甜包。皮包餡多為其特色，特別是剛剛蒸出來的時候，特別誘人。

和菓子相州屋店面，擺滿各式各樣的精緻和菓子。

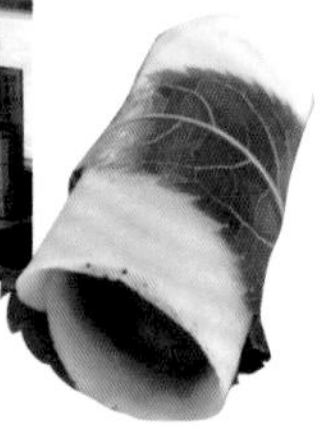

裹著厚實豆沙餡的「櫻餅」。

除了店裡恆常販售的甜點外，隨著季節變化，相州屋的當季和菓子也相當吸引人。比如在三、四月的櫻花季，櫻餅總是最為暢銷的明星級甜點。下町的和菓子店的另一項特質，是低廉的價格。比百貨公司地下街的和菓子店便宜三分之一的價格，品質上卻一點也不折扣。

（上）人氣串燒炸物名店Torifuji（とりふじ）。
（左）夾著大蔥的雞肉串「ねぎま」。
（右）酥脆爽口的雞大腿肉炸物。

還有一間名為Torifuji（とりふじ）的肉店，賣著專門是串燒或炸物。Torifuji店名的意思是雞肉，當然，該店最為自豪的就是雞肉製品了。用雞大腿肉油炸出來的炸物，最特別之處是在油炸的麵衣和雞肉之間，夾進洋蔥，讓原本可能油膩的口感，增加了清新的味覺。夾著大蔥的雞肉串「ねぎま」則是我最愛的串燒之一。

住 東京都荒川區南千住1-27-6
營 11:00-20:00

SPOT 6

砂場總本家

百年蕎麥麵，江戶蕎麥元祖發源

蕎麥麵在江戶東京起源的發跡地之一，委身在三之輪商店街裡，這間元祖老舖名爲「砂場總本家」。以「砂場」爲名的蕎麥麵店，最早發跡於大阪。砂場、更科與藪，並稱爲日本三大蕎麥麵流派。砂場引進關東江戶地區的年代，雖沒有明確的文獻記載，但在一七五一年的《蕎麥全書》就已經有提到。而一八四八年出版的《江戶名物酒飯手引草》中更正式介紹了六家在「砂場」體系下的蕎麥麵店。

從江戶時代（一六〇三——一八六八）就已開始創業，迄今仍繼續營業的砂場蕎麥麵店，在東京只剩下兩間，分別是巴町砂場與南千住砂場。其中，南千住砂場便是在三之輪商店街的百年老店「砂場總本家」。如今的砂場總本家，已是第十四代的經營。建築雖然是在戰後重建的，不過仍保有十足的懷舊氣氛。在飄散著昭和風味的三之輪下町風情中，古色古香的木造建築，被列爲「荒川區文化指定財」令所有路過的外地人都忍不住駐足一看。

走進店家，有些昏暗的室內，彷彿踏進時光隧道。雖然是凌亂且毫無規則的擺設，卻另有尋寶風情。除了擺著很多老闆的老相片跟喜好的書籍以外，還有很多奇奇怪怪的收藏品。甚至到訪的外國遊客，從國外寄來的信件也在此展示。在如此潮流的東京都內，竟然還能體驗到這樣的老舖滋味，身歷其境的活歷史，當是日本的魅力之一。

蕎麥麵和其他店家的類別相同，主要分成熱蕎麥和冷蕎麥。如果點冷蕎麥的話，通常搭配的是炸天婦羅。這一天，我選擇的是熱蕎麥菜單裡的月見蕎麥。月見，指的就是半熟蛋。

月見蕎麥吃起來相當清爽，湯頭的醬油湯汁略帶甜味，如喜歡淡味，可加入「湯桶」裡的麵湯。砂場總本家的木製漆器「湯桶」也相當獨特。如今很多店家都改用鐵瓶或土瓶了，而這間店仍堅持使用老物件。斑駁的漆，掉的是逝去的時光，不掉的將是蕎麥歷史的永續。

（左）店內陳設許多老闆收藏的老相片和書籍。（右）砂場總本家店舖外觀。

口感略帶甜味的醬油湯頭月見蕎麥。

TODEN
ARAKAWA LINE

路線 2

飛鳥山公園站

あすかやま

7 飛鳥山公園
8 紙博物館
9 Takeshige（竹しげ）
10 音無親水公園

住 東京都北區王子1-1-3
營 全日開放

SPOT 7

飛鳥山公園

都電荒川線最美的賞櫻勝地

東京都內唯一殘留的都營路面電車都電荒川線有一站名爲「飛鳥山」。這一段的路面電車，是我覺得整條行走的線路中最美的一段路程之一。因爲電車會經過一座同名的飛鳥山公園，然後，在以大弧度角度的鐵軌上，緩緩滑過。春天季節，飛鳥山公園裡的櫻花全都探出頭來，即使電車只是在外緣掠過，也彷彿走進了一片櫻花雨林。

飛鳥山公園自古以來就是賞櫻勝地。稱之爲自古以來，可是一點也不誇張的。約在二八〇年前的江戶時代，日本八代將軍德川吉宗進行改革政策，希望建設一些能讓孩子們遊玩休憩的場所，因此，在一八七三年時打造了這座飛鳥山公園。自此，飛鳥山便成爲賞櫻的觀光勝地。

當時，江戶周邊的賞櫻勝地除了飛鳥山以外，只有另一個名爲寬永寺的地方。每到賞櫻時期，因爲人多雜亂的關係，寬永寺附近常會發生風紀敗壞的治安問題。因此，最初飛鳥山公園開放時，是禁止在賞櫻時飲酒作樂的。正因爲如此，飛鳥山公園才能成爲聚集孩子們安心遊玩的場所。現在，禁止飲酒的法令早已解除，公園內仍保留了巨大的沙堆遊樂場，總在假日時分吸引著小朋友們前來遊玩。

飛鳥山公園因爲鄰近JR王子站，因此也別稱王子公園。不過，有趣的飛鳥山其實根本不是座山，只不過是比鄰進平地稍微隆起一些的高丘。其高度甚至比正式記載的「東京都內最低山丘」還低，在官方的地形文件上也不把飛鳥山視作一座山。

即便如此，飛鳥山卻一點也不損其在老東京人們心中，不可搖動如山的好感印象。園區內共有約六百五十株的櫻花樹，每到櫻花季，大家便會在櫻花樹下席地而坐，聊天野餐，沐浴在春天舒適的日光下。偶爾風一吹，櫻花花瓣便飄落飛舞起來，落進了野餐的便當裡，可眞的就是名符其實的櫻便當了。

（上）櫻花樹下賞櫻野餐一景。
（下）公園內的巨大沙堆遊樂場，是孩子最愛的場所。

（左）每到賞櫻時期總會，湧入大批人潮的飛鳥山公園。
（上）在櫻花樹下佇足的孩子。
（下）公園外人行步道，依然可見大面積的櫻花樹群。

住 東京都北區王子1-1-3（位於飛鳥山園區內）
營 10:00-17:00 ／週一休

SPOT 8

紙博物館

飛鳥山公園內的寓教育樂

飛鳥山公園內還有三座博物館。有介紹東京北區自然、歷史和文化的「飛鳥山博物館」；專門介紹紙的「紙博物館」；以及介紹日本近代經濟社會學家涉澤榮一的「涉澤史料館」。

日本自製的洋紙（相對於和紙而言）之發源地便是在王子地區。紙博物館裡則收藏了古今中外，關於紙類的相關史料。透過展示和互動式體驗教學，民眾得以了解紙的種類、用途，以及一張紙是如何誕生出來的。博物館最早是在一九五〇年成立的，一九九八年搬遷到飛鳥山公園，在全世界以紙爲中心的博物館當中，飛鳥山的紙博物館可算是有舉足輕重的地位。

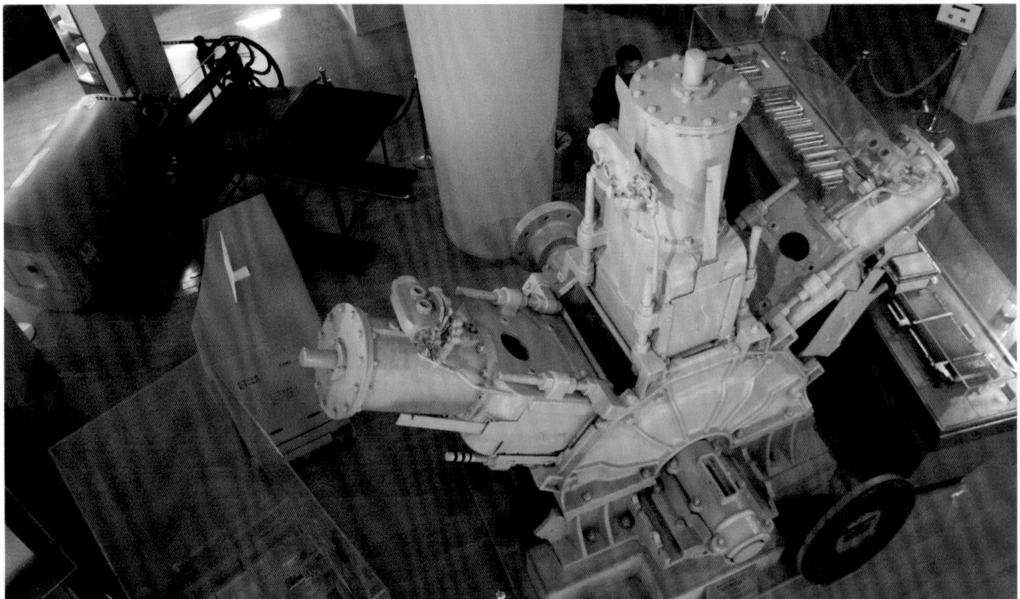

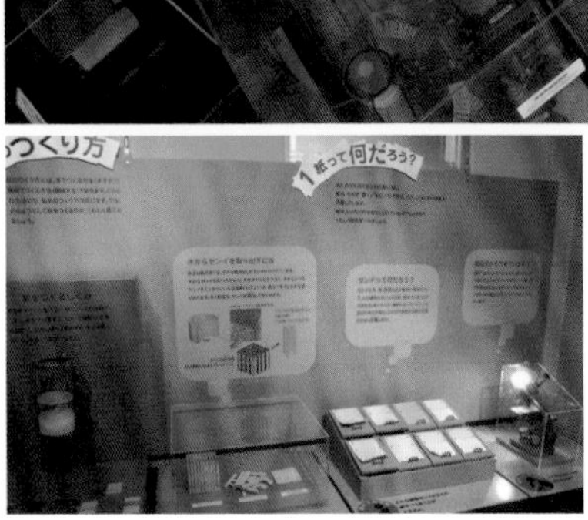

（上）博物館內陳設的製紙設備。（左）博物館內紙的構造與介紹。（右）紙博物館外觀。

住 東京都北區滝野川1-59-8（飛鳥山站旁）
營 17:20-21:20／週三、六、日休

油淋雞
也是招牌菜之一。

現烤的
雞肉串燒飯。

SPOT 9 | Takeshige

站前的家庭美食

不看花也對紙沒興趣，我仍願意搭荒川線花點時間來到飛鳥山。爲的就是這間小居酒屋食堂「竹しげ」（Takeshige）。這間家庭式小餐館只有櫃台式的位子，一次大約僅能容納八人左右，而你也可以選擇外帶的現做便當，帶到公園裡吃。

竹しげ的午餐便宜好吃又大碗。套餐以油淋雞定食、燒魚定食和肉醬麵爲主。根據季節性的不同，也會推出期間限定的特製午餐。

這間店沒有菜單，賣的東西都寫在牆壁上。有趣的是，後來新添加的菜色因爲原來的地方寫不下了，只好另將紙貼在隔的比較遠的地方。當我正在等候我點的定食時，突然一位剛進來的客人向老闆娘點了「西式燉牛肉」把我嚇一跳。有賣嗎？我正狐疑著，努力在牆上找菜單，才終於在某個不起眼的角落看見了菜單的字條。確實有賣哪。

老闆娘是熱情十足的日本老媽媽，不管跟熟客或第一次來的客人，都能很開朗的聊天，對自己家庭式的口味充滿自信。聊起地震時，老闆娘拿出某個摔破了角的餐盤，說：「只不過是破了個角而已，不影響裝東西。還能用就繼續用，丟了多可惜，對吧？」然後語畢，就用那餐盤裝了定食給我。

只有在這種充滿著家庭風味的小店家，才能夠讓人看見可愛的生命力，支撐起一整個日本和打不倒的東京吧。

家庭式居酒屋，竹しげ（Takeshige）外觀。

SPOT 10

音無親水公園

讓城市歷史活起來

在飛鳥山公園對面有一座「音無親水公園」也是一條都會隱藏版的散步路線。原來是這裡曾經有一條河川，名爲音無川，是石神井川在江戶時代流經東京北區時的舊稱。昭和三十年代（一九五五年代）因爲老舊的音無川常滋生蚊蠅，再加上石神井川的河川改道工程，故決定讓音無川走進歷史。殘留的舊河道，在一九八八年打造成公園，便成爲附近居民休憩的遊步道。

沿著溪水散步時，在遊步道上除了綠景之外，還會在途中遇見不少「裝置」。比如水車，石燈，小木橋，甚至令人匪夷所思的還有吊橋。原來，無論是吊橋還是水車等等裝置，都是爲了還原江戶時代音無川流過時曾經有過的風華。在曾經存在的地方，架設起還原的版本，或者紀念性的地標。河川消逝了，瀑布也不可能重現，但至少可以立一個水

住 東京都北區王子本町 1-1-1（飛鳥山公園對面）
營 全日開放

櫻花季時音無親水公園，
隨處可見滿滿盛開櫻花。

車、一座吊橋告訴後人，這城市的發展和樣貌。

音無親水公園被選定爲「日本都市公園一百選」。這座親水公園的改造新生，或許很可以當做廢棄的舊河道，如何在「都更」中利用的思維參考。那絕對不是賣給建商蓋高樓，也不是枯燥的開一條新馬路，而應該是擷取地方特質，進化成場域跟人之間的互動。斯人已遠，史蹟不再，但在這樣的紀念與傳頌中，那些存在於古地圖與繪畫裡的流水和行人，彷彿又動了起來。

保留水車裝置的公園一隅，
成為了大家的休憩場所。

重現江戶時代音無川
老式風情的吊橋。

TODEN
ARAKAWA LINE

路線 3

庚申塚站

こうしんづか

11 一福亭（いっぷく亭）
12 巣鴨地蔵通商店街

住 東京都豐島區西巢鴨2-32-10
營 10:00-18:00

SPOT 11

月台茶坊一福亭

觀看電車風景

都電荒川線上我私愛的地方，除了起訖站早稻田和三之輪以及飛鳥山之外，還有庚申塚和鬼子母神。而庚申塚和鬼子母神，都直接或間接的與「吃」脫離不了關係。一個是擁有極爲特殊的月台茶坊；一個則是供奉從餓鬼修成正果的神明。

位於西巢鴨庚申塚站的月台上的「一福亭（いっぷく亭）」茶坊，是都電荒川線上的一個特殊風景。茶坊連結著月台，有外賣的販售窗口，也有寬敞的店面可以入座。

由於荒川線電車上的收票方式與公車相同，是直接在車上收票的，因此月台上卻沒有一般電車站會設置的收票閘口。下了車，是車站月台內，同時也是站外。正因爲這樣的環境，讓一福亭茶坊成爲了有趣的電車風景。你可以在月台上等車時買個和菓子吃，打發時間，當然也可以在下車以後，直接從月台走進店裡，吃一頓午餐，或享受一道和風下午茶。

店家推薦的正餐餐點是加了荷包蛋的日式炒麵，而我自己偏愛的則是和式甜點。白玉糰子（湯圓）佐以紅豆和抹茶凍，或是黃豆粉白玉糰子，搭配上一杯清新抑甜的抹茶，耳邊聽著朋友訴說著生活片段，窗外則有路面電車噹噹而過，如此平凡的午後，如此幸福的東京。

（左）白玉糰子佐紅豆和抹茶凍。
（右）黃豆粉白玉糰子與清新抑甜的抹茶。

巢鴨地藏通商店街入口。

巢鴨地藏通商店街

住 東京都豐島區巢鴨3丁目、4丁目

交 從荒川線「庚申塚站」或「新庚申塚站」或JR山手線「巢鴨站」徒步可抵達

SPOT 12

巢鴨地藏通商店街

西方遊客和歐巴桑都好愛

從庚申塚站可以走到巢鴨的地藏通商店街的尾端。這條商店街在過去有「歐巴桑的原宿」之稱。顧名思義，來巢鴨逛街的族群大多是上了年紀的媽媽們。不過，近年的風貌卻逐漸改變。不僅受到不少年輕人的歡迎，也很受到西方觀光客的青睞。喜歡老街風情或愛吃下町小吃，在此地想必能非常滿足。

巢鴨地藏通內有一座寺廟叫做高岩寺。地藏通所謂的地藏王，指的就是高岩寺裡奉祀的神明。寺內有一尊「水洗觀音像」，據說身體有哪個部位不舒服，將盛著水的勺子往觀音像上同樣的地方倒下去，不久就能痊癒。

巢鴨還有一項特別的名產，是紅內褲。因爲年長的婆婆媽媽們，篤信穿上紅內褲就能帶來健康和好運，故巢鴨地藏通商店街裡有好幾間專賣紅內褲的店。走在這條街上，不禁懷疑穿紅內褲眞的可以改運嗎？不然這些店家怎能愈開愈興隆？也許下一次你覺得需要改運時，可以聽聽老人言，大膽嘗試看看。

（右）巢鴨地藏通內高岩寺，
靈驗治百病的水洗觀音像。
（左）商店街內販售當地名產
紅內褲的店舖。
（下）別出心裁的鴨子造型郵筒。

TODEN
ARAKAWA LINE

路線 4

鬼子母神前站

きしぼじんまえ

改邪歸正的「鬼」

有趣的是，鬼子母神的正式寫法，應該是「鬼」的上頭少了一點。據說是因爲鬼子母改邪歸正了，已經不是「鬼」，所以決定去掉最上面的邪念之角。

鬼子母神

住 東京都豐島區雜司谷3-15-20（荒川線「鬼子母神前」站）

時 境內全日開放

（上）境內的稻荷神社鳥居。
（下）鬼子母神堂週邊的雜貨店。
（左）鬼子母神堂參拜處。

SPOT 13

鬼子母神堂

守護孩子的神、手塚治虫舊居都在此

第一次知道鬼子母神這地方，是看了侯孝賢導演的電影《咖啡時光》。電影裡女主角一青窈住的地方就是在這附近。每天，她搭著都電荒川線下車所經過的身後場景，就會出現這個詭異的地名。

鬼子母神聽起來十分驚悚。事實上，寺廟裡奉祀的鬼子母，確實曾有一段駭人的典故。原來在民間傳說裡，鬼子母是個擁有上百個子女的母親，爲了餵飽這麼多孩子的胃，她專門殺害人間的小嬰孩給自己的小孩吃。有一天終於被佛祖懲罰，將她最愛的小兒子給帶走，令她痛不欲生。最後，她發誓永不殺害小孩，佛祖也答應此後將讓信徒向她獻上食物供品。從此，鬼子母神就成爲愛孩子的女神，祈求懷孕安產或庇佑孩童的香火絡繹不絕。

鬼子母神堂前的櫸木與銀杏樹群。

キアズマ珈琲（Kiazuma Coffee）

住 東京都豐島區雜司谷3-19-5（鬼子母神入口前）

營 10:30-19:00／週三休

漫畫家手塚治虫的「並木ハウス」（並木HOUSE）之別館內的キアズマ珈琲（Kiazuma Coffee）

通往鬼子母神的參道上，兩旁高聳的欅木之間，有一幢美麗的木造樓房。這裡是日本漫畫家手塚治虫曾居住過的「並木ハウス」（並木HOUSE）之別館。昭和初年的建築迄今已逾八十多年。經過整修以後，樓房展現了全新的風貌。建築的本身仍然保有著懷舊的氣氛，一樓則進駐了新氣象的創意商家。

除了服飾雜貨屋和雜司之谷的觀光資訊站以外，還有一間值得進來小歇一番的「キアズマ珈琲」（Kiazuma Coffee）。

此外，每個月舉辦一次的「手創市集」（手創り市）也選在鬼子母神和附近的大鳥神社兩地同時舉辦。和其他跳蚤市場最大不同，在於手創市集的出展攤位賣的不是中古貨，而是自家製的手工新品。

從鬼子母神前車站散步到廟裡的路上，兩旁盡是長年的欅木與銀杏，爲這裡開出了一條綠樹成蔭，風景怡人的步道。繁華的東京，原來藏著這麼多的祕密基地，也都是東京的模樣。

（左）手創市集入口指標。
（右）每月舉辦一次，販售自家製手工新品的手創市集。

2

森下·清澄白河散策

もりした・きよすみしらかわ

－東京文青的新天地－

森下清澄的街道上，
仍存在許多超過百年歷史的傳統老鋪。

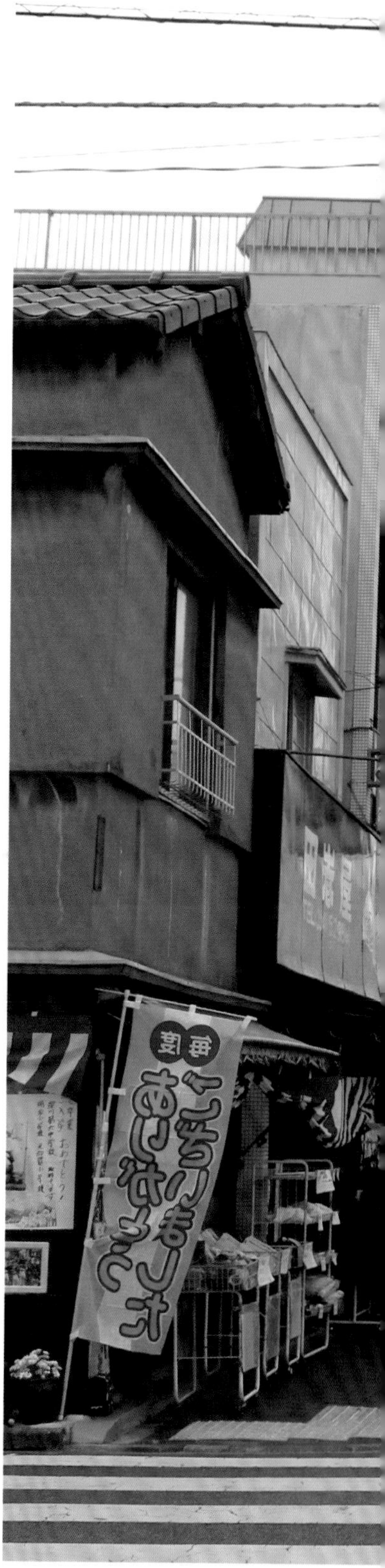

PLAN 2

森下·清澄白河半日路線

森下站
- 地下鐵大江戶線
- 都營新宿線

1 森下浪花家
2 高橋商店街：流浪小黑路
3 森下伊勢屋

清澄白河站
- 地下鐵大江戶線
- 地下鐵半藏門線

4 深川釜匠
5 深川江戶資料館
6 東京都現代美術館
7 Blue Bottle Coffee
8 ARISE COFFEE ROASTERS
9 fukadaso
10 Allpress Espresso

減速的東京下町，
就連咖啡都能煮出斑駁滋味。

隅田川以東的江東區，是江戶開發最早的地域之一。因為歷史悠久，故保留下來許多的古樸建築、百年老舖和盈滿庶民風情的美味小食。忽然少了觀光客攢動的雜沓步伐，跨越一條河，在這裡，街道和天空都寬闊了起來。

這一帶雖然說是下町，但街坊之間，其實並非想像中那樣的陳舊。只是遺留下了許多老店舖，有些甚至已經超過一百年的，繼續著當年堅持的精神，傳承給這一代、下一代的愛好者。

住 東京都江東區森下 2-17-3
營 10:00-17:00

SPOT 1

森下浪花家

從鯛魚燒開啓散步行程

步出森下站以後，首先應該拜訪的是在車站出口旁，一間名爲元祖浪花家鯛魚燒的老店。同樣也以浪花家爲名的浪花家本店是在兩國地區，一九〇九年創業，迄今已經一百年。而這間在森下的元祖浪花家，也秉持著浪花家本店的精神，使用北海道出產的紅豆製作皮薄餡多的鯛魚燒。

從魚頭到魚尾滿滿的紅豆餡，令人感到十分飽足。最重要的是，這裡賣的鯛魚燒不是烤好放在那裡「乘涼」的。當客人上門購買時，老闆才開始烤。面皮上微微烤焦的酥脆，很有口感。買一片鯛魚燒，趁熱吃吧，開啓今日的散步旅程。

（上）創業百年的元祖浪花家鯛魚燒店舖。
（下）現點現烤的美味酥脆紅豆餡鯛魚燒。

SPOT 2

高橋商店街

流浪小黑路——下町人情味

明明都是東京，來到江東區的森下與清澄白河一帶，卻彷彿與左岸的銀座中央區、北邊東京晴空塔的所在地墨田區，明顯產生一種心情的時差。雲朵與陽光自動減速了，時間被每一條街重新定義。旅人的我們，跟隨在地人的步調，看見東京居民的生活本色，也不自覺就放鬆了呼吸的吐納。

在名爲「高橋商店街：流浪小黑路」（のらくろード）的小巷道，聚集了不少可愛的店家。我和朋友爲了確認想去的咖啡館吃午餐，於是在清澄通和流浪小黑路的十字路口駐足。才剛剛拿出地圖準備確認一下方位時，身旁有一位正在等待紅綠燈的老太太立刻給我們投以充滿熱情的關注眼光，很開心地詢問我們要去哪裡，仔細地在地圖上指點一番。同樣都是東京，在下町風情的陌生人，卻一點也沒有大都會裡，大家常說的人心冷漠的距離感。

仿製名畫而成的街頭藝術看板。

住 東京都江東區森下 2-17-2
營 10:00-21:00

伊勢屋最出名的銅鑼燒甜點組合。

(上)伊勢屋印有「流浪黑吉」狗狗圖樣的紙袋。(下)伊勢屋推出的多種口味招牌煎餅。

SPOT 3

伊勢屋煎餅

可愛的流浪黑吉犬

從「高橋商店街」裡還賣著各式的深川醬油煎餅。其中最出名的，是「伊勢屋」印著狗狗圖樣「流浪黑吉」的煎餅。《流浪黑吉犬》是一部昭和年代家喻戶曉的漫畫，作者田河水泡的青少年時代，就是在森下地區度過的。雖然年輕的孩子早已不熟悉這部漫畫了，但在當地老居民心中仍是無比的驕傲。

就在浪花家隔壁還有一間老店，叫做「伊勢屋」。伊勢屋出名的甜點是一枚只要日幣一五八圓的銅鑼燒，以及包著芝麻餡餅。銅鑼燒的特色是採用自家獨特的蜂蜜去製作麵皮的；芝麻餡餅則是強調用一層厚實的烤麵皮，包裹甜而不膩的黑芝麻餡。

住 東京都江東區白河 2-1-13
營 週二、四：11:00-15:00；
週三、五、六、日：11:00-20:00

SPOT 4

深川釜匠

國民美食深川飯

再往下走，就會抵達清澄白河。恰逢午間時光，那麼必然不可錯過當地的國民美食——深川飯。所謂的深川飯，簡單來說就是蛤蠣飯。將蛤蠣跟米飯一起放進傳統的釜桶中蒸煮，把米飯熬煮出一點鍋粑，拌上甘甜的味噌醬汁，再撒下海苔和蔥花，口感十分清爽。

這樣的吃法源起於百年前的江戶時代。原來是因爲此地靠近海灣，得以捕獲豐富的新鮮蛤蠣。當年是對忙碌的漁師們是有如「速食」般存在的丼飯，後來逐漸發展成一般居民的家常便飯。

丼飯就是一個宇宙。在地人的文化發展，全凝聚在一碗飯的奧妙裡。

深川釜匠店舖招牌特別陳設熬煮專用的釜桶。

主要食材是新鮮蛤蠣的深川飯。

住 東京都江東區白河 1-3-28
營 9:30-17:00／每月第二、第四個週一、新年期間休

深川江戶資料館一帶的二手書店「しまぶっく」。

（由左至右）森下清澄一帶的街道上陳設著各式各樣的造型雕塑；重現了江戶時代獨特風情的街屋巷弄；原尺寸模型打造的昔日街坊樣貌。

SPOT 5

深川江戶資料館

江戶時代生活風情再現

近來，清澄白河逐漸形成自成一格的社區意識。除永續經營的家族老舖之外，非連鎖的在地特色小店開始興起。像是二手書店、咖啡館或小藝廊。由於附近並無吸引外地人遠道而來的商圈，所以服務與進出的多半是附近的居民。

清澄白河站附近有一間「深川江戶資料館」，蒐集了日本江戶時代的歷史資料，並以原尺寸模型製作往昔的街坊樣式，重現當年的生活風情。

深川江戶資料館所在地的巷道，名稱爲「資料館通」。在這條路上有不少歷史悠久的老店和餐廳。或許是因爲資料館通連結了深川江戶資料館以及不遠處的「東京都現代美術館」，所以讓資料館通也增添了不少藝術氣息。許多店家的門外會特別佈置起街頭藝術似的作品，而當地也會舉辦一些居民能夠參與的藝術活動。

住 東京都江東區三好4-1-1
營 10:00-18:00／週一、新年期間（12月28日～01月01日）休

SPOT 6

東京都現代美術館

結合流行與大眾文化

資料館通一直往下走，會抵達「東京都現代美術館」。東京都現代美術館成立於一九九五年，目前約有四千件館藏作品。此外，這裡會經常舉辦以現代美術爲基礎的國際性展覽，範疇擴及繪畫、雕刻、建築、設計與流行文化。館內還有一座號稱藏書十萬冊的美術圖書館，供愛好美術的民眾使用。

既然標榜「現代」性，這座美術館的展出確實也相當有現代感。比如，這裡曾展出過人氣漫畫家井上雄彥的作品，或者像是服裝設計師川久保玲與空間建築設計家妹島和世的跨界合作展覽，結合流行與大眾文化的展出，讓所謂的美術館不再那麼曲高和寡。

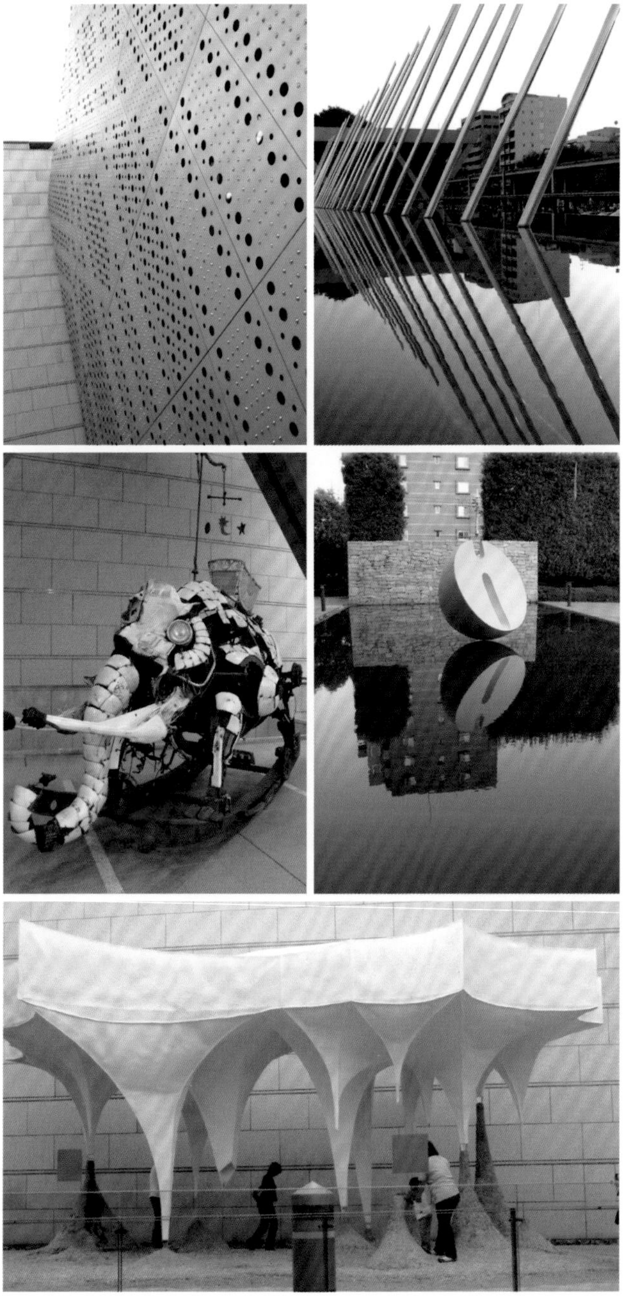

（左上）以圓點孔洞交錯而成的獨特外牆。（右上）美術館廣場前藝術裝置將水和光影搭配的恰到好處。（中左）充滿現代前衛風格的大象雕塑。（中右）藝術品在水池上透出另一種獨特風貌。（下）美術館戶外展示的大型立體互動裝置。

SPOT
7.8.9.10

Blue Bottle Coffee
/
ARISE COFFEE ROASTERS
/
fukadaso
/
Allpress Espresso

烘焙咖啡的新戰場

「嗨，你那邊天氣好嗎？東京今天的天氣很晴朗，已是初夏的感覺了，是個適合到清澄白河走走的午後。想來杯咖啡吃份甜點的情緒湧上心頭時，就坐進Blue Bottle Coffee旗艦店吧。布丁和司康都想吃，那麼和好友各點一份Share。不是什麼朋友都願意分享食物的

清澄白河的Blue Bottle Coffee。

啊。當我想要和你一起分享時，你知道的，我們就是好朋友。」

對我來說，Blue Bottle Coffee清澄白河旗艦店，就是一個這樣的存在。好天氣、好朋友、好心情，才搭得上此處的好咖啡與好甜點。

總店在美國加州的Blue Bottle Coffee海外展店，第一間店就選在清澄白河地區，引爆東京文青、時尚界與咖啡圈的熱烈關注。Blue Bottle Coffee坦承本身其實受到日本喫茶店文化影響，故到日本展店也算一種回鄉。

此外，充滿隨性風格的街角咖啡館「ARISE COFFEE ROASTERS」雖然空間狹窄，卻成爲當地居民與老闆交換區域情報的重要交匯點。

Blue Bottle Coffee店員正在製作手沖咖啡。

Blue Bottle Coffee的布丁與司康。

ARISE COFFEE ROASTERS充滿隨性風格的店鋪外觀。

Blue Bottle Coffee
住 東京都江東區平野1-4-8
營 8:00-19:00

ARISE COFFEE ROASTERS
住 東京都江東區平野1-13-8
營 10:00-17:00／週一休

fukadaso
住 東京都江東區平野1-9-7
營 咖啡館：週一、四、六、日13:00-18:00；週五13:00-21:30／週二、三休

Allpress Espresso
東京烘焙工房＆咖啡
住 東京都江東區平野3丁目7-2

（左上）不少居住當地的年輕人喜歡帶著電腦搭配甜點度過一個午後。
（中）fukadaso特製香嫩濃郁的奶油鬆餅。（右上）商家特製的手作招牌和風鈴吊飾。
（下）斑駁老舊的店舖外觀是fukadaso最大的特色。

另一間則在不遠處，原本是一處有五十年歷史的鐵皮公寓兼倉庫，經過新生改造，搖身一變成爲了「fukadaso」創意空間。

fukadaso一樓是咖啡館，二樓則是個人工作室和小藝廊。如果說流浪黑吉煎餅和深川飯是上一代留下來的當地美食，那麼fukadaso café賣的現烤鬆餅，就是年輕的滋味。不少當地居住的年輕人，都帶著電腦搭配甜點，在這裡度過一個冬日靜好的午後。

店的外觀是老舊的，店內裝潢卻是潮流新穎。老闆宏亮的聲音迴盪耳邊，熱情招呼的笑顏，向每一個到訪的客人隨意攀談，像是老鄰居那樣。這些是和東京鬧區裡禮貌卻冷調的咖啡館，迥然不同的風景。

下町的溫暖人情，爲匆忙的都會暫停了時光。右岸的江東，穿梭街坊。在美味小食的催化中，我在這裡，享受著東京的時差。

清澄白河有許多的咖啡店，特色之一是咖啡豆大多來自於現地烘焙的新鮮豆子。紐西蘭品牌的咖啡店「Allpress Espresso」在清澄白河的「東京烘焙工房&咖啡」也是如此。若來到此地，看展或閒晃，偶爾會選擇這間咖啡館。特別鍾情於外帶一杯口感醇厚的冰拿鐵，彷彿整個消暑的氣氛，瞬間在體內進行一次輕盈的遊走。Allpress Espresso雖然在東京的直營店不多，但在日本有很多餐廳或咖啡館，其實都使用他們家的咖啡豆。下次有機會再訪日本時，不妨留意看看。

紐西蘭品牌的咖啡店「Allpress Espresso」。

3

下町谷中
慢慢走

やなか・ねづ

－感受東京庶民生活的風貌－

充滿庶民風情的谷中日常生活光景。

PLAN 3

谷中半日路線

日暮里站
JR山手線
1 谷中銀座
2 谷中松野屋
3 谷中靈園
4 指人形笑吉工房
5 SCAI THE BATHHOUSE
6 卡亞巴咖啡

根津站
地下鐵千代田線
7 根津神社
8 Onigiri Café, Risaku
9 松好

走在谷中銀座，感受原汁原味的東京生活
總能在轉角遇見貓，每一條巷道都藏著不同的秘密小店。

位於山手線日暮里站的谷中，充滿庶民風情，有點老舊，但有著新鮮生命力灌注的區域，始終是近年來提起東京下町時不會錯過的地方。這裡藏著許多庶民生活的秘密。若要感受東京人在亮麗之外，另外一面真實的生活風貌，請來谷中散步吧。

谷中的地名由來於江戶時代前，因為處於上野台和本鄉台中間位置，相對於兩地的地勢而言，這一帶就是谷中。歷經關東大地震和二次世界大戰，谷中都幸運的閃躲過天災人禍的摧殘，所以存留下來了非常多當年的老建築。谷中的居民，在這昔日的老街裡生活著，可以說是保留了最原汁原味的東京生活。

谷中散步時會一併考量進來的路線是根津，而其中必訪的景點是根津神社。建於一千九百年前的根津神社，是在當時的德川五代將軍綱吉年代所建造的。號稱是江戶時代建造的寺廟中，現存最大規模的一座。包括本殿在內，共有七棟建築被指定為國家重要文化財。

卡巴亞咖啡消暑的
和風蒟蒻甜點！

住 JR山手線「日暮里站」西口，徒步5分
網 www.yanakaginza.com

SPOT 1 谷中銀座

夕燒石階

夕燒石階（夕焼だんだん）已經成爲了谷中的地標，因爲幾乎所有的日本雜誌介紹此地時，都不會錯過這一個地方。之所以名爲夕燒，是因爲黃昏之際，落日餘暉會灑落在階梯上，景色格外迷人。

從階梯上往下眺望，就是谷中最爲熱鬧之處，谷中銀座。谷中銀座是一條很家常生活的商店街，每一間卻都有著自己的特色。商店從小吃、餐館、咖啡店、甜點店到生活用品，以及生鮮蔬果和熟食，都值得一一探訪。

谷中銀座裡隨處可見木雕貓咪。這些木雕貓咪，都出自於東京藝術大學研究所的三位大男生之妙手。因爲谷中原本就是許多貓咪會出沒的地方，這些雕塑也令谷中增添更多藝術風情。

黃昏之際落日灑在階梯上
更顯迷人的夕燒石階。

住 東京都荒川區西日暮里3-14-14
營 11:00-19:00（週六10:00-19:00；週日10:00-18:00）／週二休
網 www.yanakamatsunoya.jp

SPOT 2

谷中松野屋

尋找日本職人工藝

緊鄰著夕燒石階，有一間溫馨可愛的生活雜貨屋，名爲谷中松野屋，可以說是近來在谷中興起的日式雜貨屋裡的代表。日式老平房的門外，整齊地排放著各種木製、竹編和鋁製的雜貨用具。一塊刻著店家的名稱的茶色木板，立在走道邊，質樸中散發出低調卻搶眼的魅力。

谷中松野屋開業於二〇一〇年，不過，位於日本橋馬喰町的松野屋本社，則是間創業於一九四五年的老店。谷中松野屋以販售日本職人手工製作的用具爲主，從廚房用品、掃除用具、飲食餐具、日用品到帆布包與服飾配件等，強調自然素材手工製作的生活雜貨，種類一應俱全。

這些物品均是由松野屋老闆松野先生和公司團隊，親自到日本地方和亞洲各地的工場或農家所採購回來的。松野屋拜訪當地的職人，挑選各家獨有特色的手工產品，直接向他們進貨，又或者會與當地職人共同研發出原創商品，透過松野屋的實體及網路店家銷售。

把這些日用品帶回家，即使身處於鋼筋水泥的都會冰冷森林中，彷彿也延續了店裡的感覺。從手感溫熱到心底，生活，本來就應該從鍾愛的日用品開始。

（上）店舖內外，皆陳設了來自日本全國各地，職人手作的生活用品。（下）店舖一隅，陳設許多手工燒製器皿。

住 東京都台東區谷中7-5-24

東京三大墓園之一，
谷中靈園綠意盎然的散步人行道。

SPOT 3

谷中靈園

天堂人間交會的賞櫻景點

谷中地區出名的散步路線，除了谷中銀座外，還有一座廣大的墓園。台灣人一聽到墓園，感覺總是有點陰森。其實若是來到日本的傳統墓園，特別是風景優美的谷中靈園，會發現這裡的感覺就像是一座大公園似的，完全不會給人有詭異的壓迫感。

谷中靈園有東京三大墓園之稱。很多人都會在天氣晴朗的時分來此散步，春天時節，墓園的道路兩旁會開滿櫻花，也是附近的賞櫻景點之一。花開轉瞬又花落，長眠的人與來往的路人交錯著，生與死本來就是那麼的靠近，那麼的毋需畏懼。

住 東京都台東區谷中3-2-6
營 10:00-18:00／週一、二休
網 shokichi.main.jp

SPOT 4

指人形笑吉工房

珍貴的文化活動

在谷中，幾乎每一條巷道，都藏有秘密。特別是關於日本傳統技藝或庶民小吃的老店，更是不勝枚舉。從「谷中銀座」商店街往下走，一條毫不起眼的小巷子，有一間名爲「指人形笑吉工房」的工作室。

人形，在日文中的意思就是人偶。尚未踏進室內以前，就能從櫥窗窺見許多不同造型的人形。這裏的人形，每一個的表情都栩栩如生，而且一看，就是溢滿手工感的。原來這些人形，確實全來自於眞人照片的模擬。每一尊現成的人形約日幣兩萬圓，量身訂做則是三萬圓。而所謂「指」人形，指的不只是手工製作，指的也是遠用手指而表演的技藝。如同我們的布袋戲。

「指人形笑吉工房」的創辦人同時也是指人形的製作師傅是露木光明。最早向畫家德本立憲拜師學藝，自日本大學畢業後，一九八一年起在谷中主持繪畫教室，到二〇〇〇年發表「指人形笑吉」之後，便成立此工作室營運至今。在這十年間，露木光明依照顧客的需求，留下了不知多少的眾生面孔。

「指人形笑吉工房」最爲有趣之處，在於此處不只是人形製作工作室，更是一個小型劇場。只要三人以上，每人日幣五百圓，就可以立即欣賞一場約三十分左右的人形劇。一人人形劇自然也是由老闆露木光明操刀演出的。躲在高臺後面，和操控布袋戲一樣，每個人形在靈活的雙手舞動下，都有了生命。

人形劇分成十個段落，所有的腳本也全由老闆一人發想、完成。內容從傳統背景到現代都有。甚至還引用了電影、日劇「水男孩」與韓劇「冬季戀歌」的典故，當成人形劇的橋段。非常幽默有趣。

在谷中「指人形笑吉工房」中，我感覺到一項小眾卻珍貴的文化活動，是被尊重而且是被人需要的。更感人的是，身在其中的藝術家，是如此陶醉又得以分享自己創造的世界。

（上）人形笑吉工房創辦人露木光明正專注的繪製紙人形玩偶。（下）當貓王遇見北野武。

住 東京都台東區谷中 6-1-23
營 12:00-18:00 ／週日、一、國定假日休
網 www.scaithebathhouse.com

SPOT
5

SCAI THE BATHHOUSE

錢湯變身美術館

悠緩閒晃沿著三崎坂走到底，就會抵達一個外在像如同日式老澡堂，但內部卻改建裝潢成現代美術館的SCAI THE BATHHOUSE。這間過去叫做「柏湯錢湯」的澡堂已經超過了兩百年的歷史，一九九三年改建開幕以來，秉持著日本的傳統文化和工藝藝術的美學價值，展示過許多重要的藝術家，以及新銳作家特殊又前衛的現代藝術品。

保留早期澡堂外觀的
SCAI THE BATHHOUSE
現代美術館。

谷中沿途的街道仍保有
舊日時光的懷舊氛圍。

卡亞巴咖啡老式的店鋪外觀
已成為谷中地區的地標之一。

住 東京都台東區谷中6-1-29
營 8:00-18:00（週六、日8:00-19:00）／不定休

SPOT 6

卡亞巴咖啡

去吃蒼井優也愛的刨冰

谷中瀰漫著舊城下町的風情，保留下來許多風情獨具的日式老建築。在言問通和上野櫻木的十字路口，有一棟兩層樓的木造樓房，是在一九一六年建築的老房子。一九三八年起卡亞巴咖啡在此創業，七十年來成爲谷中的象徵精神之一。

二〇〇六年老闆娘過世以後，咖啡館便歇業了。讓喜歡卡亞巴咖啡的支持者和當地居民感到非常遺憾。終於，在愛好谷中的各方人士奔波中，由台東歷史都市研究會企劃、東京藝大指導、現代美術株式會社的營運下，二〇〇九年重新開張。

蒼井優在二〇一一年夏天於日本出版了一本《今天也要吃刨冰》的刨冰美食導覽。其中一間就是卡亞巴咖啡（カヤバ珈琲）館。夏天限定版刨冰共有約六種口味。宇治金時抹茶的抹茶，不是用調製出來的現成甜汁，而是用貨眞價實的抹茶，味道相當濃厚。因爲濃厚，帶點樸實的苦味，可以淋上一點黑蜜綜合一下，恰當好處。至於薄荷口味，外觀看起來像是清冰，但入口以後，意外的美味。清爽且不帶負擔感，特別解渴。

常覺得要檢驗一間咖啡館，到底製作咖啡的功力到什麼程度，比起喝熱咖啡來說，冰咖啡更是關鍵。很多咖啡館都做不好冰咖啡，但卡亞巴的手工冰滴咖啡相當成功。即使是喝黑咖啡，亦感到爽口，香味久留。

卡亞巴咖啡將近百年的古老建築，已經成爲谷中地標。無論餐點、咖啡、糕點或刨冰，每一口都有著歷史的滋味。

卡亞巴特製
咖哩飯佐生菜沙拉。

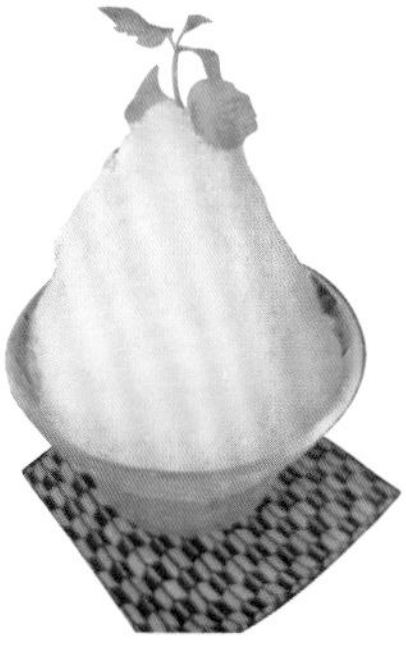

薄荷版的宇治金時
吃來清爽無負擔。

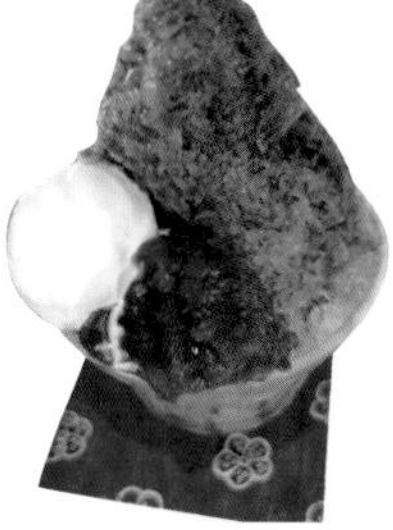

宇治金時上頭
有著貨真價實的抹茶佐黑蜜。

爽口回甘的
卡亞巴手工冰滴咖啡。

住 東京都文京區根津1-28-9
營 9:00-17:00（境內事務所）
網 www.nedujinja.or.jp/index.html

（上）根津神社一隅，也是現存規模最大的江戶時代寺院。（左）根津神社入口處樓門。
（中）根津神社境內佔地兩千坪的杜鵑花園。（右）根津神社內的鳥居群。

SPOT 7

根津神社

現存江戶時代最大神社

谷中散步時會一併考量進來的路線，是根津。

根津神社的建築風格，尤其是樓門的樑柱與屋簷的色調，其實跟中國的傳統寺廟有點接近。在完善的保存之下，站在殿宇面前，仍能感覺到其富麗堂皇。

根津神社出名的另外一個原因，是因爲這裡非常靠近日本文豪夏目漱石和森歐外的故居。神社旁有一條名爲「根津裏門坂」的斜坡，沿著路一直走到現在的日本醫科大學西側的同窗會館，那裡在過去就是夏目漱石的故居所在地。（樓房已移至愛知縣的「明治村博物館」）其名著《我是貓》便是在此地居住時書寫完成。

杜鵑花名所

根津神社是東京賞杜鵑花的名所之一。神社境內有約兩千坪的杜鵑花園，每到四月上旬至五月上旬為止，每年舉辦的「文京杜鵑花祭」都吸引大批人潮前來賞花。週末還有太鼓等相關活動。

每年四月上旬到五月上旬，總會吸引大批賞花人潮。

SPOT
8.9

Onigiri Café, Risaku ／ 松好

品味根津美食，日式飯糰食堂&雞肉釜飯

說到根津美食，導遊書上大多會介紹的是靠近根津神社的「根津鯛魚燒」。如果有時間排隊的話，嚐嚐看固然不錯。但要是正值午餐時間，恐怕無法久候，且鯛魚燒也無法果腹。這時候不如試試看當地人長年愛戴的國民美食。

首先是在千駄木車站附近的一間日式飯糰食堂「Onigiri Café, Risaku」（利さく おにぎりカフェ）。從一推開大門走進去，就能立刻感受到店家瀰漫著不同的氛圍。柔黃的燈光色調，包裹著木質色

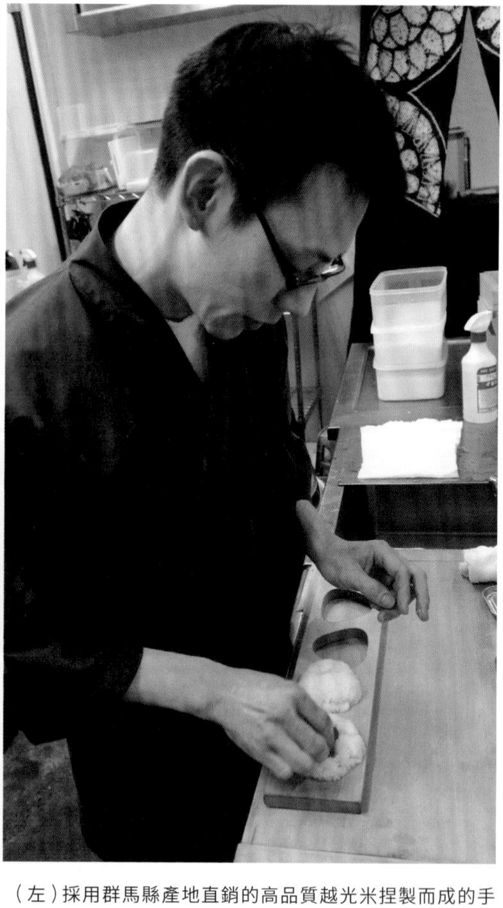

（左）採用群馬縣產地直銷的高品質越光米捏製而成的手工飯糰。（右）店長吉江重昭正細心地製作手工飯糰。

松好
住 東京都文京區根津1-18-10
營 11:30-14:00、17:00-21:00

利さく おにぎりカフェ（Onigiri Café, Risaku）
住 東京都文京区千駄木2-31-6
營 9:00-20:00／週三休 **網** risaku-tokyo.com

的裝潢，在清爽幽靜的和風裡有著咖啡館的氣氛。多種口味的現捏飯糰，搭配日本家庭料理的配菜與湯點，還有一點也不馬虎的手工咖啡。

店長吉江重昭表示，店裡所採用的米飯，全來自於品質保證的越光米。從群馬縣產地直銷，因此得以維持飯糰口感的一致性。米飯的烹煮過程捨棄了電鍋，使用「羽釜」的傳統式炊飯法，在當今的餐館裡實屬難得一見。雖然費時，卻能將米飯底蘊的味道徹底蒸騰而出。

所有的飯糰都是在客人入座以後才開始捏製的。每一個飯糰，都在料理職人的雙手中，用心用力捏製而成。掌心之間傳遞的不僅是技術，還有對食物的熱情跟對客人的溫暖。

飯糰的製作看似容易，其實反應出日本料理的特色。表面簡單，內在複雜。因爲從食材選擇，口味調和，以及手工力道的工夫，再再影響著飯糰的口感、彈性和紮實度。於是，在入口之際，也不難明白Risaku標榜著「飯糰就是日本的靈魂料理」確實眞有幾分道理了。

（左）利用小型釜器並加入不同季節食材蒸煮而成的釜飯。
（右）松好店鋪外以小巧別緻的盆栽佈置出溫馨空間。

除了飯糰以外，根津美食更出名的或許是雞肉釜飯。距離根津神社不遠的「松好」便是其中之一的代表。

釜飯的特色主要就是利用小型釜器，蒸煮米飯，依照加進的不同食材，滲入飯中的味道也就迥異。至於串燒，則是使用備長炭燒烤，在店裡的櫃檯座位後，可以看見主廚燒烤的過程。因爲是以雞肉聞名，來這裡點釜飯當然就推薦有雞肉的菜單。

吃飽飯，進可攻退可守。往前走就是熱鬧的上野公園和秋葉原，往後走則是寧靜的谷中下町。用心情擲骰子，兩種東京，這樣很好，那樣也行。

晴空塔的建造，為原本的老城區注入了全新活力。自晴空塔展望台可遠眺東京都心景觀。

4

墨田區
押上·向島散步

おしあげ・むかいしま・とうきょうスカイツリー

－東京晴空塔周邊的下町趣味－

PLAN 4

押上・向島半日路線

押上站

○ 地下鐵半藏門線
○ 京成押上線
○ 東武Skytree線

1 東京晴空塔
2 SUMIDA RIVER WALK
3 東京水岸街道
4 長屋茶房天真庵
5 長命寺櫻餅
6 言問丸子
7 吾妻茶屋

在老城區的低矮房舍間，
遇見從地平面，
向上拔高的晴空塔。

從淺草渡過隅田川，在吾妻橋和言問橋對岸，便是所謂江東的押上和向島。押上和向島，原本只不過是個默默無名的平凡老城區，也就是日文所謂的「下町」，但這兩年卻忽然爆紅，廣為人知。這意外與其說是天上掉下來的禮物，不如說是地上冒出來的禮物。因為比東京鐵塔還要高上兩倍的「東京晴空塔」就在押上。

東京晴空塔的出現想當然爾改寫了這下町的命運。對於當地人來說，一方面有人掌握了新商機，一方面也有人擔心破壞了原本的生活步調。而對旅人來說，或許希望也是原有風景的不被改變。因為東京晴空塔而來到這裡，但更重要的是離開晴空塔，走進觀光人潮褪去的巷弄，去認識、去體會，這一帶真正的下町趣味。

行駛於晴空塔週邊的河岸觀覽遊船。

SPOT 1

東京晴空塔

塔下周圍更有趣

一出地下鐵押上站就會看見東京晴空塔。很多人都誤以爲東京鐵塔只是個觀光聖地，其實鐵塔肩負的重要使命是電波的發送。然而現有的東京鐵塔周圍，蓋了太多高聳的高樓，以致於漸漸干擾到電波的放送，於是，爲了彌補其不敷使用的窘況，決定新建這一座新鐵塔。

押上聚集著大多是非高樓層的房子，因此，東京晴空塔身處其中顯得非常搶眼。因此，在押上的街道裡散步著，採集庶民風情，不知不覺地就以鐵塔作爲識別的方向了。

東京晴空塔太高太大，若眞正走到塔下，很難拍到全景。推薦的拍攝地點是從對岸的淺草文化觀光中心、吾妻橋頭、墨田區役所廣場等地，都可拍下整座晴空塔。不過最特殊的點應該是在晴空塔後方的「十間橋」的位置。在此，可以恰好將晴空塔以及河道中的倒影同時

住 東京都墨田區押上1-1-2
營 10:00-21:00
網 www.tokyo-skytree.jp/cn_t/

晴空塔戶外噴水池一隅。

入鏡。

在東京晴空塔附近有許多可愛的小店家，有些是長年的老舖，有些則是新開的咖啡館，新舊交錯的特色，讓這一帶更顯獨特。

（左）晴空塔後方的「十間橋」恰好可將晴空塔與河道倒影同時入鏡。（右）從同一個角度拍攝的晴空塔，在絢爛燈光映照下同樣迷人。

SPOT
2.3

SUMIDA RIVER WALK／東京水岸街道

下町水岸漫步新據點

東武鐵道將「隅田川橋梁」鐵道橋增設了連絡步道「SUMIDA RIVER WALK」，比起吾妻橋來說在距離上更靠近晴空塔，能從新鮮的角度拍攝出不同以往的景觀照。日落後到東武鐵道末班電車的時段，隅田川橋梁會伴隨晴空塔點燈，別有一番浪漫風情。

SUMIDA RIVER WALK往下走，抵達對岸以後，接棒的是新落成的商業設施「東京水岸街道（TOKYO mizumachi）」。高架橋下的空間經過重新整備，開設了餐廳、雜貨選物店、咖啡廳，甚至是背包客旅館。「東京水岸街道」分成東、西兩區，西區包含餐廳、咖啡館和生活雜貨店；東區則有背包客旅店、運動休閒中心、便利商店和自助洗衣店等。

我喜歡「東京水岸街道」的散步空間，親水步道讓人與自然的存在更爲貼近。這條步道會一直連結到接近東京晴空塔，等於將淺草與墨田一氣呵成。整條水岸漫步路徑，讓人深刻感受到東京下町，舒舒服服的慢時光。

（上）「SUMIDA RIVER WALK」連絡步道。
（下）「東京水岸街道（TOKYO mizumachi）」經過重新整修成為複合式的商場。

SUMIDA RIVER WALK
住 東京都台東區花川戶1-1～東京都墨田區向島1-1
營 7:00-22:00（橋梁點燈：日落～末班車）

TOKTO mizumachi
（東京水岸街道）
住 東京都墨田區向島1丁目
營 各店鋪營業時間不同，請見官網
網 www.tokyo-mizumachi.jp/

住 東京都墨田區文花1-6-5
營 12:00-18:00（週六、日12:00-16:00）／週三、四休

SPOT 4

長屋茶房天眞庵

老建築與現代和風餐館

原本以爲在押上這地方，頂多就是開了一些家族經營的老店鋪，可是，意外的這裡存在著不少融合著老建築與現代和風的餐館。這些餐館雖然低調地藏在押上的小巷道裡，上門的客人卻絡繹不絕。例如「長屋茶房天眞庵」就是將老建築注入新靈魂的絕佳代表。

咖啡館的店主野村榮一當年第一次來到墨田區的這條街時，就立即被這裡飄散的下町風情給吸引。穿梭在小巷弄之間，野村榮一覺得彷彿一瞬之間，竟有踏入電影《幸福的三丁目》場景的錯覺。他看上了這棟老屋子，決定舊瓶釀新酒，將其改建成咖啡館。他曾經在京都學習咖啡豆的焙煎，因此，整間咖啡館其實很有京都的和風感。比方，一般餐館會隨餐點附上的溼紙巾，在這裡是以類似於「風呂敷」的和風手巾替代的。熱呼呼的手巾，用小竹籃承裝著，就是多了那麼些細緻的氣質。

或許因爲曾經在京都學藝的關係，「天眞庵」不只是店內的氣氛接近於京都，同時咖啡和餐廳也很京都風。店長將京都出名的「煎茶」烘焙法觀念，引入咖啡的製作裡。他認爲好的美味的煎茶，來自於你如何將茶葉去蕪存菁，而咖啡也是如此。隨著季節和氣候，使用不同的豆子，去調整苦味和甜味的搭配，並且絕對不使用超過兩天前焙煎的豆子，才能製作出好喝的咖啡。

除了咖啡以外，本店的招牌菜在飲料之外則是蕎麥麵，以及以蕎麥爲底捏製的麵皮所煎烤出來的店主研發點心，蕎麥可麗餅。蕎麥可麗餅沾著隨附的柚子醬汁，很有京都大人味的淡薄風味。

和風手巾。

（由上至下）保留老建築構造的長屋茶房天真庵店舖外觀；店主野村榮一正在料理台準備美味餐點；店主野村榮一特別研發以蕎麥為基底，捏製煎烤而成的蕎麥可麗餅佐柚子醬；吃來淡薄爽口的招牌菜蕎麥麵。

SPOT
5.6

長命寺櫻餅／言問丸子

向島兩大名物和菓子

從押上站往隅田川的方向走，這一帶在行政區域的劃分上是屬於墨田區的向島。向島距離淺草其實很近，跨過吾妻橋或言問橋以後，隅田川的對岸就是淺草。言問橋旁有一座隅田公園，從這裡沿著河畔走，從向島二丁目到三丁目，這條散步的路線在夏天施放隅田川煙火大會時，是非常熱門的據點。此外，河岸邊種植了不少的櫻花樹，每到春天來臨之際，河岸的櫻花盛開時，總也聚集不少賞花的遊客。

賞花的時候，怎麼能夠不搭配美食呢？果然，在這一帶就聚集了幾間以和菓子爲主的知名老店鋪，是春天來此賞櫻花時也必然得到訪的地方。

在向島五丁目的長命寺旁，有一間名爲「長命寺櫻餅」的和菓子店，顧名思義就是以櫻花爲號召而製作的甜點。

在麻糬的內餡包入紅豆，
再用鹽漬櫻花葉子包裹。

櫻餅在日本是很常見到的和菓子，在麻糬的內餡部份，幾乎包的都是紅豆餡，然後再用鹽漬過的櫻花葉子，將麻糬包裹起來。因爲櫻花葉的本身有鹹味，正統的吃法是將麻糬連同櫻花葉一起吃下去，鹹甜混雜的口感，相互提味。不過，認爲醃漬過的櫻花葉太鹹，因此並不吃葉子的人也大有人在。

長命寺櫻餅簡約的店舖。

長命寺櫻餅

住 東京都墨田區向島 5-1-14

營 8:30-18:00 ／週一休

言問丸子

住 東京都墨田區向島 5-5-22

營 9:00-17:00 ／週二、每月最後的週三休

創立於江戶末期的甜點名店言問丸子。

在長命寺櫻餅的對街，有另外一間相當出名的和菓子老店鋪叫做「言問丸子」。這間超過百年的和菓子老店，是以手工捏製的三色丸子而聞名的。紅、白、黃三色丸子，分別是北海道十勝產的紅豆餡；北海道十勝產的白菜豆餡；以及混合著京都產的白味噌、新潟產的紅味噌、北海道十勝產的白菜豆餡而製成的黃味噌餡。

由於言問丸子實在是太有名了，因此，雖然店裡也有賣其他的甜點，不過客人一入座，店員就直接端上了附上熱茶的三色丸子。

室外是那麼的冷冽，不過此刻坐在言問丸子的店鋪裡，喝著熱茶吃著甜品，一切是那麼的溫暖。在和朋友聊天的時候，眺望店門外的隅田川風景時，瞥見店門外幾棵早發山櫻，預告了春天的消息。

言問丸子最著名的三色丸子。

美味咖哩飯所在地──墨田區役所，當地常有藝文展出。

住 東京都墨田區吾妻橋1-23-20
營 11:00-17:00／週六、日、例假日休

SPOT 7

吾妻茶屋

墨田相撲咖哩飯

墨田區有一處當地人才知的國民美食，藏在墨田區役所的食堂裡。那道名物是在「吾妻茶屋」（茶屋caféあづま）裡賣的「墨田相撲咖哩飯」。咖哩飯並不稀奇，相撲火鍋也能再居酒屋吃到，但相撲咖哩飯倒是第一次聽到。原來，吾妻茶屋是利用相撲火鍋爲發想，挑選相鍋裡的食材，同時還淋進相撲火鍋的醬汁，作爲熬煮咖哩的基礎。

「說起墨田區，相撲屋特別多。有相撲屋的地方，就有相撲火鍋，所以我們想用這個概念來做出不一樣的咖哩飯。加入蒟蒻、白蘿蔔、紅蘿蔔和豬肉等等材料，一碗帶有相撲火鍋風的咖哩於焉誕生。」吾妻茶屋店長曾經這麼解釋過「墨田相撲咖哩飯」的來龍去脈。不僅跟一般咖哩飯吃起來食感不同，份量也跟相撲火鍋一樣多。只能說再次證明日本人眞是個熱愛咖哩的民族啊。

吾妻茶屋特製淋上相撲火鍋醬汁的墨田相撲咖哩飯。

5

門前仲町的散步

もんぜんなかちょう

—捕捉殘存的江戶風情—

（上）通往深川不動堂前的參拜道路，仍存有許多懷舊老鋪。
（下）被隅田川和江戶灣簇擁的門前仲町，早期曾是商業興盛之地。

PLAN 5

門前仲町半日路線

門前仲町站
- 地下鐵大江戶線
- 地下鐵半藏門線

1 深川不動堂
2 富岡八幡宮
3 由はら（Yuhara）
4 親水公園

越中島站
- JR京葉線

門前仲町車站一帶的日式糖果店。

從布料、和風雜貨中，感受「仲見世」小路過往風情。

江東區下町散步首選是門前仲町，主要以富岡八幡宮和深川不動堂兩大神社寺院為觀光中心。在江戶時代，東京開發的初期，這裡曾經是最繁榮的地帶之一。被隅田川和江戶灣給簇擁的門前仲町，河川引船便利，在當年占有商業交易的地利之便。於是，許多做生意的和參拜的香客聚集在此，迄今仍殘留下來很多老舖。走進「深川不動堂」的參拜道路，短短的一條「仲見世」小路兩側，從布料、和風雜貨小物、食堂和和菓子老店之中，多少還能感受到幾分過往風情。

路旁的貓咪
慵懶地佇立在街邊。

深川不動堂一隅，
神像流露一股肅穆靜謐感。

SPOT 1

深川不動堂

肅穆寺廟之美

炎炎夏日的平日午後，參道上的觀光客不多，一點點慵懶的氣氛飄散著，連街頭貓咪都快闔上了雙眼。

仲見世通的底端，就是深川不動堂了。從一七〇三年從千葉的成田山分靈以來，已經過了三百多年。三個世紀以來，暱稱爲「深川不動王」的深川不動堂，早已成爲當地居民的老鄰居一般的安鎮所在。

深川不動堂供奉的神明算是佛教的流派，內部的建築也和日本一般的神社不太相同。一棟遠看造型前衛的四方形建築，走近一看才發現，原來上面密密麻麻的是佛經梵文。本堂之內，肅穆莊嚴，即使非關宗教信仰，以工藝之美欣賞殿堂的設計和佛像的雕刻，也能領略其美。

放慢腳步，走回參道上的商店街。穿梭在每間角落之中，瞥見兩側掛著「人情深川」字樣的布幔，或許可以感覺到在下町裡最值得收藏的，不是商家販售的零嘴或飾品，而是金錢買不到的濃厚人情味。

住 東京都江東區富岡1-17-13
營 8:00-16:00（祭典日至18:00）
網 fukagawafudou.gr.jp

（上）鑲有佛經梵文的祈福御守販賣處。
（右）深川不動堂本殿匾額。
（左）深川不動堂入口處。

富岡八幡宮入口處鳥居。

最早相撲從關西傳進關東時，就是在富岡八幡宮境內舉辦。

矗立的相撲力士的橫綱力士碑，目前仍是相撲力士參拜祈求晉升之地。

SPOT 2

富岡八幡宮

江戸相撲的起源

除了深川不動堂以外，另一個重要景點是緊鄰在旁的富岡八幡宮，別稱深川八幡。富岡八幡宮的正門也就是鳥居之處，其實是在另外一個方向，不過，因爲側門靠近深川不動堂，在散步的動線上不如從側門進去比較順路。一走進八幡宮的境內，就感受到高聳的樹木參天之景象，頓時，炎熱午後的彷彿也在樹蔭之下，感覺到久違的一絲清涼。

這座八幡宮最有趣的地方，對我來說，或許不在於供奉著號稱江戶最大的八幡神，而是這裡相傳曾經是家喻戶曉的相撲，江戶時代在關東的起源地。現在說到相撲，大多數的人都會想到的是「兩國」這一地區，因爲相撲國技館就在此地。但最早相撲從關西傳到關東來時，並非在兩國開始，就是在富岡八幡宮境內舉辦。因此，關東的相撲發源，就是從這座神社裡踏出第一步的。如

住 東京都江東區富岡1-20-3
營 事務所 9:00-16:00（週六、日、例假日9:00-17:00）
網 www.tomiokahachimangu.or.jp

富岡八幡宮全景，此處供奉著號稱江戶最大的八幡神。

今，這裡雖然已經不舉辦相撲了，但相撲力士仍習慣到此祭拜，祈求競賽的順利與晉升。境內也有過去矗立的相撲力士的「橫綱力士碑」，訴說著過往的歷史。

另外一個有趣之處，是發現在這裡的掛著的祈願「繪馬」上，跟其他神社最爲不同的是多了不少漁師（捕魚師傅）寫的願望。原來是境內還供奉了掌管和庇佑漁農產豐隆的「惠比須神」，難怪看見了繪馬上有漁師，把希望釣到的大魚名稱全明明白白寫了上去。

不知道在海王宮是否也有祈願的地方呢？如果有的話，那些魚蝦在寺廟的繪馬上，肯定是寫著希望今年不要被釣走吧。所謂希望，始終就是有人得有人失的拉鋸戰。

富岡八幡宮本殿一隅。

住 東京都江東區富岡1-10-8
營 11:00-18:00

SPOT 3

Yuhara

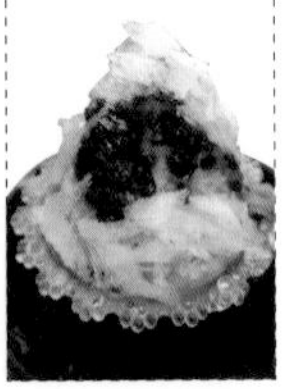

散步小歇處，來碗和風甜品老舖的清爽刨冰

離開充滿許多故事背景的富岡八幡宮，折回門前仲町車站的路上，途經一歷史悠久的和菓子老舖，名爲「由はら」（Yuhara）。一般爲人所知的黑蜜寒天等和式甜品，在這裡都能吃到，但「由はら」聞名之處，是一年四季都有在賣的日式刨冰。

大部份的店家只有夏天才賣刨冰，這裡卻隨時能夠吃到使用天然冰製成的刨冰。「由はら」刨出來的冰，形狀很特別，並非碎冰，而像是刀削麵一樣的一片一片，口感特殊，而冰的料也可自由搭配。

吃完刨冰和甜品，趁著夜晚來臨之前，再上路吧！深川門前仲町的下町散步之旅，下一個轉角，又會見到什麼不同的東京呢？

（上）質樸素雅的牆上掛著許多名人到訪的簽名留念。
（右）豆沙泥搭配季節水果的寒天甜品。
（左）由はら陳設簡單的店舖外觀。

住 門前仲町～越中島
交 地下鐵東西線門前仲町站、JR京葉線越中島站

（右）小學生們興奮地對著溪流東張西望，似乎發現了好東西。
（左）充滿元氣的蔬果店店主老婆婆。

SPOT 4

親水公園

深川散步的秘境

從東京江東區的門前仲町站往越中島站的這條路上，會遇見一條名爲「大横川」的小河貫穿東西，因此有許多日劇裡常會出現主角散步的小橋，還有沿著河川兩側的河濱公園。實際上在這兩站之間的路上，並沒有特別多的店家，但是午後流淌著靜謐的氣氛，是我喜歡的一條散步路線。

精準地說深川這一帶的河濱公園應該稱爲親水公園。引河流之水，小溪貫穿公園，結構的設計拉近了人與水之間的距離。海平面很低且靠近東京灣的深川居民，從古到今，原本就與河流，以及河流帶來的物產交流難分難捨。

下町老街裡總有老店。即使不是出名的，彷彿只要有一名年邁的老闆鎮守著，那間店就擁有了道不盡的歷史。日本的老婆婆們總是充滿元氣。八十幾歲了，每天從早到晚還在自家店裡賣蔬果，是東京下町裡常見到的風情。

彎進小巷，轉角一出，就是綿長的溪川。如今當然已不見百年前的繁華貿易風貌，卻仍在親水公園裡能聽見熱鬧的喧嘩。原來是放學的孩子們，途經公園，忍不住邊走邊觀察今天的溪水，是否從灣上游進了幾隻水母或小魚。

下町的孩子們全然不怕生，熱情與陌生人分享昆蟲箱裡抓到了幾隻夏日才現身的昆蟲。幾陣笑聲，還沒來看清楚了，孩子已離開我的視線追蟲去。

帶上所有裝備，正準備去抓昆蟲的小學生。

6

慢步藝文氣息
高圓寺

こうえんじ

－《流星之絆》與《1Q84》場景－

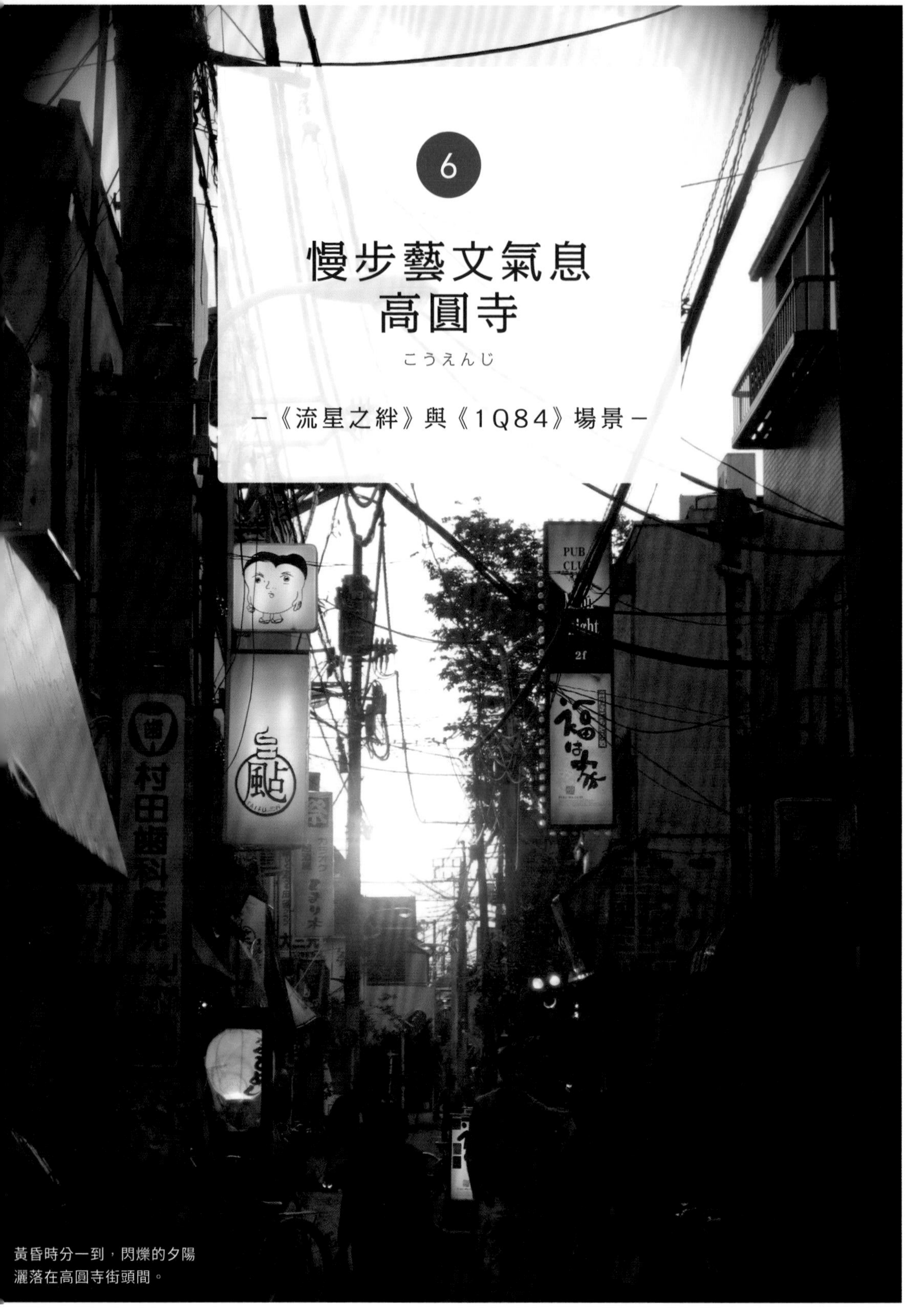

黃昏時分一到，閃爍的夕陽
灑落在高圓寺街頭間。

PLAN 6

高圓寺半日路線

高圓寺站

JR中央線

1 高圓寺站
2 座·高圓寺
3 純情商店街
4 HATTIFNATT
5 四丁目咖啡

吉本芭娜娜的電影場景、村上春樹流連之地，高圓寺流倘著淡淡的文藝氣息，正是它特有的魅力之一。

東京JR中央線沿線各站，始終是當地人尋找租屋時，人氣居高不下的熱門選擇。特別是從吉祥寺到新宿這一段，更是年輕人偏愛的地段。原因是中央線的末班車收班時間較晚，所以在外頭玩到很晚也不怕回家時沒車好坐。另外就是中央線貫穿東京站、飯田橋站、新宿站、吉祥寺站……等地，同時又可轉乘其他線路，在交通上特別便利，因此總是受到青睞。其中有一站叫做高圓寺，介於中野和吉祥寺之間，正是這些熱門地段之中的代表。

高圓寺的地名由來是這裡的一間寺廟曹洞宗「宿鳳山高圓寺」。在地理位置上，以高圓寺站的南口和北口劃分成兩大區。主要的商店街集中在車站周圍，但一離開這繁雜熱鬧的區域以後，整個高圓寺其實是一處很寧靜、很生活化的住宅區。

附近有一條「純情商店街」，街道角落供奉了一尊名為「入利弁天」的迷你神社。這尊入利弁天建於二〇〇九年七月，是出自於日本三大弁天之一的「江島神社」的分靈。「入利」的日文發音等同於進來或進入的意思，因此，入利弁天保佑的是生意興隆財源滾進和幸福的到來。同時也對從事音樂和演藝方面的人給予庇佑。

高圓寺純情商店街的角落供奉著「入利弁天」的迷你神社，有象徵生意興隆與幸福來臨的意義。

SPOT 1

高圓寺站

一個人生活的熱門選擇

高圓寺的地名由來是這裡的一間寺廟曹洞宗「宿鳳山高圓寺」。在地理位置上，以高圓寺站的南口和北口劃分成兩大區。主要的商店街集中在車站周圍，但一離開這繁雜熱鬧的區域以後，整個高圓寺其實是一處很寧靜、很生活化的住宅區。

高圓寺因爲生活機能便利，吸引年輕人前來居住，其中又以單身生活者以及學生爲大宗。爲一個人生活而量身打造的單身公寓，因此在這一帶也特別受到歡迎。

根據統計，高圓寺所處的東京杉並區內，二十歲到三十歲之間的年輕人，很大部分都集中在這裡。這附近開設的商店，因此也朝向此一年齡層的訴求而發展。比如學生喜歡的二手衣店舖特別多，二手書店也很多，當然也少不了便宜的餐廳、PUB和雜貨店。

（上）高圓寺的街頭表演藝人每每演出總是吸引大批人潮圍觀佇足。（右）高圓寺商店街內是許多年輕人挖寶的熱門場所。（中）純樸的高圓寺街頭也能見到獨樹一格的個性小店。（左）高圓寺商店街內販售許多早期珍貴唱片的二手唱片額。

住 東京都杉並區高圓寺北2-1-2
營 各個空間不一
網 za-koenji.jp

東京三大夏日祭典之一的
東京高圓寺阿波踊祭，
每年總是吸引百萬人潮前來觀賞。

SPOT 2

座・高圓寺

高圓寺阿波踊祭

夏天在高圓寺舉辦的「東京高圓寺阿波踊祭」慶典，是東京三大夏日祭典之一，每年吸引上百萬的觀光人潮，早已成爲高圓寺的象徵。

高圓寺所在的杉並區特別成立了一座藝術會館「座・高圓寺」。這棟造型特殊的建築由伊東豐雄操刀，內部有小劇場和教授跳阿波羅舞的教室，爲的就是希望藉由這個空間，將這項日本的傳統祭典，一代代傳承下去。

藝術會館「座・高圓寺」。

「座・高圓寺」的旋轉階梯。

SPOT 3

純情商店街

因小說而更名的大街

高圓寺北口有一條名爲「純情商店街」的街道，聚集了許多傳統的魚肉、生鮮蔬果店、咖啡館、二手書店和餐廳。「純情」這兩個字用得十分有趣，原來，以前這裡並不純情，而是叫做「高圓寺銀座商店街」。一九八九年，作家ねじめ正一的直木賞得獎小說《高圓寺純情商店街》以這條街作爲故事背景以後，一時之間「純情」廣爲人知，名聲超越了原來的街道名，於是就將商店街改了名字。

很多作品其實都曾以高圓寺作爲舞台背景。除了《高圓寺純情商店街》以外，日劇《最後的朋友》與《流星之絆》也曾以高圓寺的商店街，作爲拍攝場景。村上春樹小說《1Q84》中也出現了高圓寺。村上春樹在還沒寫小說前，就住在中央線上的吉祥寺、三鷹、國分寺這一帶。高圓寺距離這些地方不遠，很多角落仍流動著咖啡酒館與文藝氣息，想來應該也是村上春樹過去常流連的地方。

作家ねじめ正一以直木賞得獎小說《高圓寺純情商店街》為故事背景，一時之間「純情」兩字聲名大噪。

（左）迷你的溫馨空間內四處陳列著畫作和垂墜吊飾。（右）入口處的小小窄門成了HATTIFNATT的最大特色。

SPOT
4

HATTIFNATT

造型可愛的
南瓜水果塔！

可愛到不想離開的咖啡店

這一帶有愈來愈多超人氣的可愛的咖啡館。其中一間相當具有代表性的是名爲「HATTIFNATT Cafe & Gallery」的小店。這棟木造小屋的門口種植了繁茂的花叢，是很童話但又不俗氣的風格。入口的木門非常狹小，我懷疑要是身材稍微臃腫一點的客人，恐怕是很難輕鬆進入的。

在外頭看起來很狹窄，其實沿著彎曲的木頭樓梯上了二樓以後，就是所謂「屋中之屋」的客席了。在意外內部寬敞

住 東京都衫並區高円寺北2-18-10
營 12:00-20:00／週一休

（右）店內一隅，相當適合三五好友一同前來用餐談心。（上）造型高音符符號拉花咖啡。（中）充滿童趣感的造型人臉拉花咖啡。（下）讓人生都甜美起來的美味蛋糕。

的空間中，有一處得爬著木梯子才能上去的閣樓式客席。這一處可居高臨下的閣樓客席既隱密又開放，總是客人最想入座的地方。但因爲只有一桌而已，若想入席，有時還得跟老闆先預約呢。

店內牆壁上很有藝術感的繪畫，讓每一個人在不同的座位上，看出去的都是不同的景致。這些充滿童趣和想像力的壁畫，讓人恍若置身於森林之中。在這裡度過下午茶的時間，幾乎使人忘記屋外是多麼繁忙的東京都會。

「HATTIFNATT Cafe & Gallery」的下午茶糕點相當精緻而且美味，恨不得每一種都能吃到，可惜胃只有一個，只好下次再來。實在太捨不得了，我和朋友嘴裡的下午茶點都尚未結束呢，竟不約而同地想著乾脆哪裡也不去，就這樣在寒冷的天氣裡坐在溫暖的小木屋裡一邊聊天，一邊等待日落，然後繼續點個晚餐吧。

喜歡巧克力的人，
絕對不能錯過香醇濃郁的巧克力蛋糕。

住 東京都衫並區高円寺南4-28-10 2F
營 11:30-1:00（凌晨）

SPOT 5

四丁目咖啡

吉本芭娜娜的小說電影場景

我認識的一位日本朋友過去住在高圓寺地區，記得他曾說過「想要一次就把高圓寺給逛完是不可能的」，當我開始接觸高圓寺以後，確實也有了這樣的感覺。在好吃又好買的高圓寺成群店舖之中，這地方的背景似乎始終能與藝文有著或遠或近的連結，流倘著淡淡的文藝氣息，我想正是高圓寺特有的魅力之一。

在高圓寺站南口往左斜方望去，會在前方看見一棟外觀非常普通的樓房。在二樓的窗戶上，掛了個「Yonchome Cafe」的看板，好像不怎麼吸引人上前拜訪，然而，它卻是高圓寺商圈裡十分出名的咖啡館。

「Yonchome Cafe」的意思就是「四丁目咖啡館」，因爲店址位於高圓寺的四丁目。咖啡館的一樓入口跟大樓外觀一樣，實在不太能吸引人，甚至走上二樓的店門口時，恐怕也因爲看起來普普通通而容易放棄，可是，一旦推開門，就立刻會顛覆先前的想像了。室內裝潢很有氣氛，瀰漫著爵士感的舒緩氛圍。

（右）氣氛舒緩，瀰漫著爵士感的Yonchome Cafe內部一隅，至今仍保有懷舊氣息的空間構造。
（左）老木板搭配手寫字體的店舖看板。

二〇〇八年過世的日本名導市川隼，曾經改編吉本芭娜娜的小說《TUGUMI（鶇）》成電影。在電影的最後一個場景，主角打工的咖啡館，拍攝現場就是這裡。電影中咖啡館裡薄暗的光線包裹著寬廣的空間，偌大的窗戶透近亮晃晃的白光，那凝視的角度，如今仍是咖啡館網站上的首頁照片。

我和朋友，也是爲了探訪這拍攝場地而特地尋找到這裡的。因此對於咖啡館裡的餐點，原本沒有抱著任何想像。結果，就在吃了甜點以後，驚爲天人。巧克力蛋糕香醇濃郁，喜歡巧克力的人必然不能錯過。另外，大大推薦起司蛋糕。感覺上起司蛋糕似乎是每一間咖啡館都會有的甜點，所以點餐時本來想要跳過，多吃點店裡其他沒吃過的口味。沒想到大膽一試，甜味中帶著薄薄的鹹味的起司，立刻躍升爲吸引我下次特地再來高圓寺的原因之一了。

7

多彩的村上春樹和其故事巡禮

むらかみはるきのしょうせつぶたい

－從《挪威的森林》到村上春樹圖書館－

午後悠閒的樹林步道，
宛如村上春樹《挪威的森林》小說主角
渡邊徹和直子在神戶告別，
偶然於東京重逢後一同步行的場景。

PLAN 7

村上春樹小說半日路線

四谷站
JR中央線
1 神田川河堤散步道

市之谷站
JR中央線
1 神田川河堤散步道

飯田橋站
JR中央線
1 神田川河堤散步道

早稻田站
東京地鐵東西線
2 村上春樹圖書館

駒場東大前站
京王井之頭線
3 BUNDAN Coffee & Beer

花季時期神田川河堤兩側綻放著絢麗櫻花。

跟著村上春樹，
走一趟《挪威的森林》，
吃一頓《世界末日與冷酷異境》。

在村上春樹的《挪威的森林》裡，主角渡邊徹和直子在神戶告別後一年，偶然於東京的中央線列車上重逢。他們從四谷站下車，沿著中央線上的綠色河堤步道，經過市之谷站，一直到飯田橋。

這條河堤上方的綠色步道，沿途經過許多學校，如法政大學等名校，平日中午時分，步道上設置的桌椅總會聚集許多學生和上班族在這裡用午餐。而每到春天櫻花季節，沿途會開滿櫻花，這裡更成為附近學校席地而坐的賞櫻勝地。

適合盪鞦韆的悠閒午後。

SPOT 1

神田川河堤散步道

日光已經是初夏的

五月近下旬，長長的路上迤邐出一片新綠的樹。午後溫柔的太陽與葉子擦身，風一來，光就跳舞起來。走累了，坐在土堤上的椅子上小歇。偶爾遛狗的人經過，每一隻狗都張著慵懶的臉，好像不可一世似的，其實是滿足且舒服到懶得理人。從牠們身上就知道，春天才剛過，熾熱的夏天又未到，這時候的東京氣溫舒爽得很，簡直是個適宜吃飽撐著享受發呆的時節。

日光已經是初夏的了。我突然想到村上春樹在《挪威的森林》裡的這個句子。小說裡的男主角渡邊和女主角直子在電車上久別重逢，兩人臨時起意從四谷站下了車，開始往市谷站的方向散步，最後就是沿著這條鐵道邊的土堤，抵達飯田橋。故事裡寫到的季節正是五月中旬。

（右）神田川河堤散步道，在花季時期也是熱門賞櫻野餐景點。（左）沿著鐵道邊的土堤，花季時乘著電車沿路盡是美麗光景。

小說舞台設定在一九六八年，當時的五月，肯定比現在更涼些吧，所以渡邊說，是很溫暖的春天黃昏，但日光已經是初夏的了。如今，我走在五月中下旬的東京，切切實實已是初夏氣氛。

途中經過富士見坂。四十年前當渡邊徹和直子走過這裡時，恐怕還能見到遠方的富士山吧。那時候的愛情觀，看見的未來，是否也如同城市的視野，比較遼闊比較遠呢？

SPOT 2

早稻田大學村上春樹圖書館

經由村上春樹本人認證

走訪村上春樹的文學場景，怎麼能不到他的母校「早稻田大學」逛逛呢？這裡不僅封存著村上春樹的青春時光，更潛移默化埋下了他創作小說的種子。尤其熟讀《挪威的森林》的讀者，一定知道小說裡有許多的故事場景都發生在早大校園裡。以前到早大，就只能從校區內的景物遙想當時的村上和他筆下的人物，不過現在眞的有一個村上春樹本人認證的文學聖地，可以到訪打卡朝聖了。

二〇二一年十月起，校園內的「早稻田大學國際文學館」改建成「村上春樹圖書館」正式對外開放。斥資十二億日圓改建，邀請名建築師隈研吾操刀設計，讓原本的文學館煥然一新。從一樓的木造拱門書架通道爲起點，通向這五層樓的建築，走向村上春樹的創作世界。館內除了展示村上的創作年表以外，還收

由早稻田大學國際文學館改建，建築師隈研吾操刀設計的「村上春樹圖書館」。

館內收藏來自世界各地的村上作品譯本，以及村上春樹捐贈的黑膠唱片。

提供閱讀村上譯本及資料的閱覽室。

一樓的木造拱門書架。

住 東京都新宿區西早稻田1-6-1 早稻田大學內（早稻田大學國際文學館）
住 10:00-17:00／週三公休
網 www.waseda.jp/culture/wihl/（參觀需預約）

（右）圖書館內的錄音室。
（左）館內特地設置「村上的書齋」，復刻了村上春樹的書房。

藏來自世界各地的村上作品譯本。對村上迷來說，更珍貴的是村上春樹本人親自捐贈了許多他的藏書、黑膠唱片，甚至是創作原稿等等，都陳列在這棟圖書館內。

村上春樹說，有一天他會消失在這個世界上，而他沒有子女，關於他所收藏的東西，創作相關的資料等等，與其堆在家裡，不如捐贈給圖書館，提供給有需要研究參考的人。他希望這座圖書館可以成爲文學與文化的國際交流場域。

在我到訪的這一天，確實發現在入口報到參觀的人，一半以上都是遠道而來的外籍人士。果然是「世界的村上春樹」啊！

除了圖書館功能以外，館內還特地設置「村上的書齋」房間，復刻了村上春樹的書房，滿足村上迷想像村上的創作環境。此外樓上還有主題會固定替換的特展空間、講座空間及一間錄音室。不知道偶爾有在主持廣播節目的村上春樹，未來是否有可能到這裡來錄音呢？

逛完圖書館，最後就到附設的咖啡館小歇吧！咖啡館「橙子貓」（Orange Cat）的開設靈感，來自於村上在成爲作家前經營的咖啡館和爵士酒吧。點杯熱拿鐵或者來杯冰茶，看著落地窗外綠意盎然的校園，聽著窗內流淌著村上熱愛的爵士樂。暫時放下成天不離手的手機吧！重新拾起一本書，靜靜的，重溫起心無旁騖的閱讀世界。

圖書館內的咖啡館「橙子貓」（Orange Cat）。

以木製家具為基底構成，
讓人身心全然放鬆的簡約空間。
© BUNDAN Coffee & Beer

SPOT
3

BUNDAN Coffee & Beer

村上春樹的
《世界末日與冷酷異境》
◀ 套餐

在文學咖啡館跟村上春樹說早安！

經常進出東京大街小巷的咖啡館，當然也不免和許多咖啡館錯身而過。我常坐在喜歡的咖啡館裡，思考到底為什麼這間咖啡館特別吸引人呢？最後的答案，其實很簡單。那就是除了飲食本身要好以外，就是得有獨一無二的特色。位於日本近代文學館內的「BUNDAN Coffee & Beer」就明顯抓住了一個清楚的主題，吸引了愛好閱讀又喜歡咖啡館的交集族群。

住 東京都目黑區駒場4-3-55
營 9:30-16:20／週日、一、每月第四個週四休；常有臨時出借休館日，請參考官網
網 bundan.net

（上）偌大的書架上
陳列了各式各樣的書籍。
（下）村上春樹作品。

緊鄰書架的餐桌，
反而方便客人隨手取得書籍。

既然身在日本近代文學館，BUNDAN Coffee & Beer必然得跟書本有關。於是，踏足進這個咖啡空間裡，最先被吸引的就是那偌大的書架。一本本並排著恍若圖書館的叢書，將近有兩萬冊，全都可以任意取閱。類別從日本文學史到動漫迷垂涎少見的珍貴收藏本，所謂「文學」的定義，在這裡是不設限的跨界。

不過，若只是提供一個閱讀空間，那麼就過於普通了。這裡和一般東京的書店咖啡，最大的不同在於，還提供了文學菜單。你可以在這裡吃到一餐村上春樹的《世界末日與冷酷異境》套餐。菜色是從小說人物裡吃的早餐而發想而成的。此外尚有谷崎潤一郎小說裡提過的早餐，或者向田邦子從前最喜歡吃的料理。推敲著喜歡咖啡的芥川龍之介和寺山修司，店裡也推出風格相符的單品咖啡。優雅的空間裡，偶爾也會聚辦出版相關的活動，浸淫在書香、咖啡與料理的風味中，也許明天就能為自己翻開新的一頁。

8

目黑川沿岸散步之路

なかめぐろ・めぐろがわ

－櫻花落遍中目黑－

素有散步聖地之稱的中目黑
每到花季時期則搖身一變
成為東京最佳賞櫻景點之一。

PLAN 8

中目黑半日路線

中目黑站

東急東橫線

1 目黑川
2 中目黑星巴克
3 TRAVELER'S FACTORY
4 Cow Books
5 1LDK apartments.／Taste AND Sense

目黑川沿岸的人行散步道，透出一股幽靜氣息。

中目黑是
永遠都不會膩的散步路線，
帶著輕食或點心，
進行一趟賞櫻
和《最棒的離婚》場景巡禮。

東京地下鐵副都心線和東急東橫線相互直通以後，從新宿出發到中目黑變得便利至極。過去得從澀谷轉車，如今只要一班車，從新宿三丁目到中目黑只要十分鐘即可抵達。原本就是散步聖地的中目黑，因為交通連結之故，再次成為熱門焦點。在新宿用完餐，心血來潮就到中目黑喝杯餐後咖啡吧！或者反過來，下午在中目黑散步吃下午茶，十分鐘後便在新宿看電影。新宿和中目黑，相互成為靠近彼此的新腹地。

SPOT 1

目黑川

日劇《最棒的離婚》場景巡禮

中目黑是永遠都不會感到膩的散步路線。二〇一二年冬季到二〇一三年初春，由瑛太主演的富士電視台日劇《最棒的離婚》選在中目黑作爲故事場景。情感細膩，時而憂傷時而幽默的劇情，爲原本就可愛的中目黑這一帶，增添新的故事記憶。日劇播完之際，恰逢櫻花盛開季節，作爲賞櫻勝地的目黑川，更是吸引不少劇迷前來，進行一趟賞櫻和《最棒的離婚》場景巡禮。

流經中目黑的目黑川，有許多橫跨溪水的小橋，如宿山橋和朝日橋，是《最棒的離婚》裡幾位生活在此的主角經常出現的舞台背景。劇中瑛太的公寓設定在他妻子工作的洗衣店樓上，那間洗衣店是眞實存在的。是一間位於宿山橋附近，名爲Natural的洗衣店（目黑區青葉台一丁目）。而劇中擔任按摩師的眞木陽子，她的工作室和自宅，距離洗衣店不

目黑川沿岸是散步的好去處。

遠，同樣位於青葉台一丁目。二層樓的木造房，其實是間餐廳。至於劇裡常常出現主角們買菜的超市，則是中目黑車站旁的 Tokyu Store。在櫻花時節，一進門就擺滿應景的花宴啤酒。

櫻花讓商店都改行

在晴朗的好天氣裡，來到目黑川，建議可以帶著輕食或點心。目黑川兩側的道路，有專門設置的椅子，可以讓散步的人在樹下休憩。當然，中目黑絕佳的散步季節，就是櫻花盛開之際了。比起其他賞櫻勝地的公園來說，目黑川的櫻花在數量上不能算是多的。但從河岸兩邊湧上的櫻花，繁多到幾乎快要遮住川上的天空，這景致恐怕是勝過其他以量取勝的賞櫻勝地。

賞櫻季節的目黑川畔，熱鬧非凡。許多店家，不管原來是不是做飲食業的，這時節全都改行了。有原本是日本料理店的，在自家門前擺起櫻花酒來。看櫻花就該喝點櫻花酒不是嗎？因此，途經的人，幾乎就是人手一杯了。

原本並非開餐廳的，是賣衣服的，也在自家門前擺起攤位來。賣燒烤、賣燒賣、賣炒麵、賣雞蛋糕、賣烤馬鈴薯，甚至還有人賣台灣滷肉飯呢。

至於在這裡沒有店鋪的也無妨，有人就開著小發財車停在川岸上，賣起烤地瓜來。這一年的櫻花季，轉瞬之間又結束了。櫻花的花瓣不停飛落，飄過烤地瓜的老闆手寫的特價招牌。莎喲哪啦。

（由上至下）目黑川沿岸的人行散步道透出一股幽靜氣息；沿途遇見開著小發財車，賣起烤地瓜的攤商。大家沿著橋邊隨性席地而坐野餐談心。中目黑街景一隅，街上有著許多充滿特色的個性小店。

東京目黑川畔的星巴客。

SPOT 2

中目黑星巴客

日本第一間！星巴克臻選東京烘焙工坊

美國西雅圖開設首家「星巴克臻選烘焙工坊（Starbucks Reserve Roastery）」繼上海、米蘭、紐約之後，全球第五家烘焙工坊「星巴克臻選東京烘焙工坊（Starbucks Reserve Roastery Tokyo）」二〇一九年現身東京目黑川畔。有別於一般星巴克門市，Starbucks Reserve Roastery Tokyo 烘焙工坊將設置大型烘豆機，現場烘焙咖啡原豆，現場研磨萃取，店內的咖啡師再一杯杯爲客人細心沖泡，宛如一個巨型咖啡工廠，提供更加豐富、多樣、頂級的咖啡體驗，吸引更多咖啡迷前來朝聖。

曾與日本星巴克合作設計太宰府天滿宮表參道門市的知名設計師隈研吾，再次受邀爲日本首間「星巴克臻選烘焙工坊」操刀。隈研吾希望創造出中目黑新時代生活型態的感受，結合日本傳統設計與星巴克的現代感，搭配目黑川的自

星巴克臻選東京烘焙工坊，
宛如一個巨型咖啡工廠。

（上）整體空間由建築師隈研吾操刀。
（下）咖啡師一杯杯為客人細心沖泡。

住 東京都目黑區青葉台2丁目17
網 www.starbucksreserve.com/en-us/visit

每逢櫻花季，會推吃各式以櫻花為意象的冷熱茶飲。

然與季節感，造出溫暖調和氣氛。

這間星巴克販售的咖啡，使用的咖啡豆都是在中目黑店內現場烘焙而成。過去日本星巴克使用的咖啡豆，都是經由海外輸入，此後在這間店則將使用中目黑店內現場烘焙的咖啡豆，因此口感將更加新鮮和美味。該店出品的咖啡豆「Starbucks Reserve Roastery Tokyo」，因此也成爲目前日本境內僅有該店才能喝到的限定飲品。除了限定咖啡豆，星巴克還在該店推出各種花式飲品。

店內提供義大利知名料理人Rocco Princi的餐點與麵包，還有許多在其他星巴克吃不到的甜點，尤其每逢櫻花季時，更會增加許多誘人的項目，會推出各式以櫻花爲意象的冷熱茶飲。除了咖啡以外，店內還有提供咖啡創意特調、茶飲及酒精飲料。

店內張貼許多充滿回憶的影像。

薄荷綠的門框充滿清新簡約感。

SPOT
3

TRAVELER'S FACTORY

製造旅人回憶的文具坊

TRAVELER'S FACTORY，名爲旅人的工廠，這工廠推出的產品多半是關於旅行相關的文具，每一項，都將陪著你在地標上移動著，製造旅途的記憶。其實這間文具店，最早是由文具大廠「MIDORI」從多年前推出的一本旅人筆記本開始的。旅人筆記本基本上是一本由旅人自行規劃行程，紀錄所見所聞，並蒐集旅遊紀念票券的筆記本。一趟別人無法替代你的旅遊，從無到有，創造出一本獨一無二的筆記本。

住 東京都目黑區上目黑3-13-10
營 12:00-20:00／週二休

總是吸引許多客人佇足的商品販售區。

光是一樓的文具用品，肯定就會讓喜歡旅行的文具控待上好一段時間了。TRAVELER'S FACTORY除了原創商品外，更多的是跨界合作商品。跟現有知名的文具系列共同，或者是原本跟文具毫無關係，但和旅遊景點相關的單位合作（例如香港天星小輪），推出專屬的限量產品。

文具店裡賣特別的文具商品，其實是預期中的事。而我更感到窩心的，則是二樓提供的咖啡空間。除了咖啡、啤酒和薑汁汽水外，其餘的飲料和甜點都不販售。但正因爲如此，讓這裡的主題變得更加純粹。如客廳式寬廣的空間，有沙發有大張桌椅，同時配合不同時節還有各類型跟旅行相關的藝文、攝影或設計展覽。你可以偶爾恰好趕上一場夜裡的座談會；可以一個人在逛完文具後到樓上小歇；當然也可以跟著旅行同好的朋友，約來這裡計劃下一場旅行。行前準備完善也好，一邊旅行一邊想也好，只要離開一成不變的生活，每一朵雲都可能藏有新的發現。

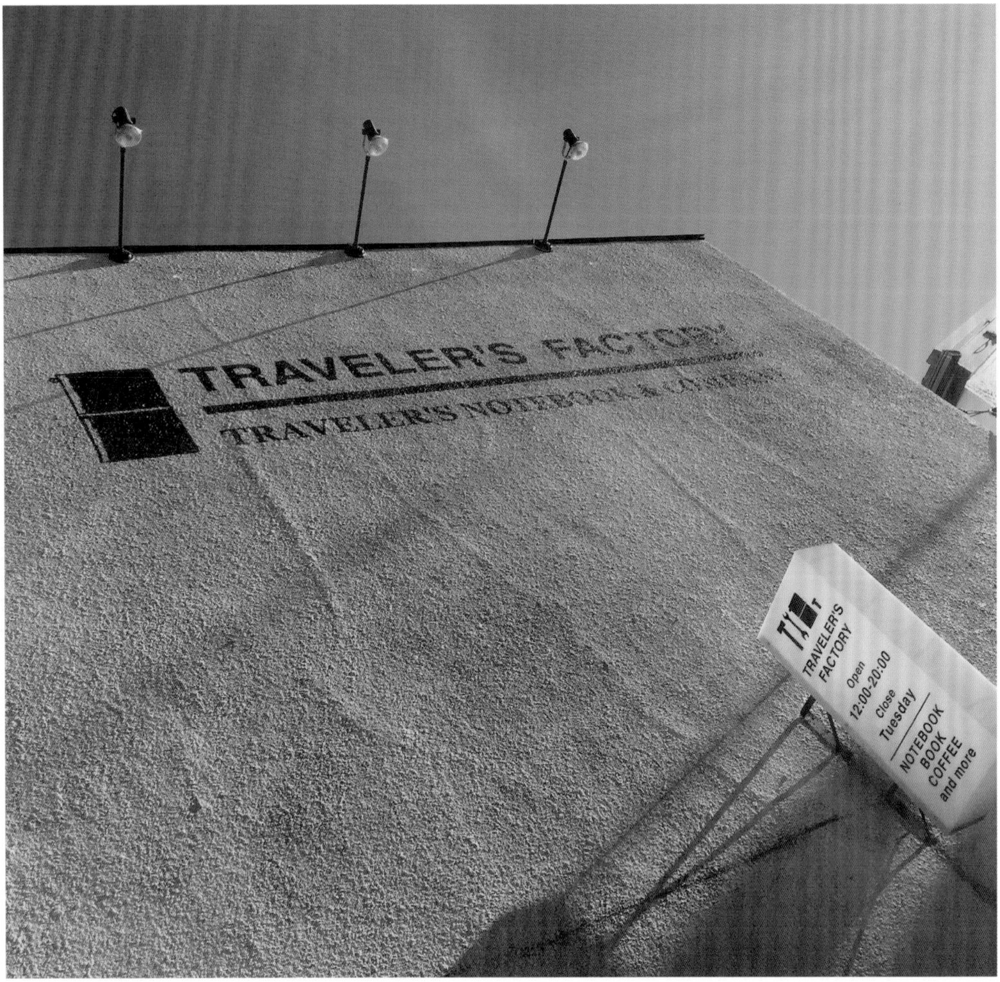

TRAVELER'S FACTORY
帶點粗獷氣息的外牆。

SPOT
4

Cow Books

松浦彌太郎的書店

沿著目黑川走，途中有一間小書店是作家松浦彌太郎所開設的二手書店「Cow Books」。書店並不大，但瀰漫的書香氣氛，讓整個空間令人感覺特殊。幾面牆落地書櫃相當醒目，而在書櫃上方特別設置的紅色跑馬燈，則爲此地增添了幾分後現代感。

Cow Books店內設有迷你咖啡館，書櫃上的書可以佐以咖啡，慢慢閱讀，決定是否今天要將它帶回家。此外，Cow Books還有一項有趣的業務，那就是替你設計書櫃。無論是自宅或是店面，只要你希望擁有一面有設計質感的書櫃時，Cow Books都能以其開書店的經驗，爲你量身打造。

住 東京都目黑區青葉台1-14-11
營 12:00-19:00／週一休
網 www.cowbooks.jp

店舖外觀與其著名的理念「everything for the freedom.」。

SPOT
5

1LDK apartments.

選貨店的代表

從中目黑到代官山這一帶，以個性品牌選貨店（select shop）居多，不過大部分以單一範疇爲主，像「1LDK apartments.」這樣一網打盡食衣住等跨類型的店家，算是少見。在這間「1LDK」裡附設了一處名爲「Taste AND Sense」的咖啡館，很值得在中目黑與代官山散步時，彎過來小歇一番。其營業時間相當驚人，從早上十一點半到凌晨四點。隨著時段不同，在一天之內更換三種店家風貌。

「Taste AND Sense」意味從品嚐咖啡和美食中，去感受對生活的品味。在長時段的營業中，一天之內轉換出三種空間表情：白天咖啡館、夜晚餐廳和深夜

販售各種精緻生活用品和廚房用具的EditeD / Found STORE。

住 東京都目黑區上目黑1-7-13 b-town中目黑 EAST 1F
營 SHOP 13:00-19:00（週六、日12:00-19:00）、CAFE 12:00-19:00／新年期間休
網 1ldkshop.com

（由左至右）Taste AND Sense內部用餐空間，以淺木色餐桌椅和溫暖黃燈光妝點空間。以女性客層為主打的生活用品區1LDK me.。位於1LDK正對面的同一系列店舖，以販售男裝為主。佈滿許多長型窗，有著明亮簡潔外觀的1LDK。

酒吧。開放式的窗台，提供外帶飲料的服務。雖然說是外帶，窗口外仍設置了兩個戶外坐席，可以在此小歇。還沒走進店裡，單是從這個窗口的外觀看來，就很有中目黑店家的風格了。同時散發出歐美咖啡座的開放感，又不失日式的精巧細緻感。

除了各式咖啡和飲品以外，中午提供輕食，晚餐則以義大利麵爲中心的西式料理爲主。價格算是平價，落在日幣一千圓左右。因爲特別強調提供對身體健康的飲食，故在前菜和沙拉部分也下了工夫，頗受女性客層歡迎。雖然才開幕不久，但慕名而來的人不少，晚餐尖峰時段客滿也是不意外的風景。若是在下午造訪，甜點當然也值得一嘗。甜點每日替換，種類會寫在店內的黑板上，平均會提供兩種左右的選擇。甜點的原料食材，大半以水果爲基礎。

店內使用的食器皆來自於「1LDK」的挑選，在隔壁賣場裡都能夠買到。在「1LDK」內除了這間咖啡館以外，另外還有生活雜貨店「EditeD / Found STORE」，販售各種精緻的生活必需品與廚具。另外，還有一處名爲「1LDK me.」的角落，則專門以女性客層爲訴求的生活用品。

位於右側的複合式餐廳Taste AND Sense在店外擺滿了各種餐椅。

9

走過太宰治的三鷹

だざいおさむのみたか

－文學與風的散步道－

沿著仲町通往平和通上漫步，
這條路稱之為風的散步道。

PLAN 9

三鷹太宰治半日路線

三鷹站

JR中央線

1 中央通文學之道
2 禪林寺
3 風的散步道
4 太宰治文學沙龍

沿著風的散步道，造訪太宰治的誕生與安眠之地。

太宰治出身於青森。不過，他這輩子最重要的時間，幾乎都在東京的三鷹渡過。每逢太宰治誕辰週年，在青森和三鷹都有不少紀念活動。

在日本只要是能跟名作家扯得上關係的地方，無論是誕生地或居住地，都會被當地政府視為宣傳代言人。一方面藉由作家的人氣，增加當地的文學性的形象和深度，另一方面則是推廣主題觀光的好手法。從三鷹車站一走出來，就可以在二樓的出口見到一張三鷹文學散步的地圖。往前走，在戶外的環形天橋上懸掛了一張布條，寫著「太宰治誕生的地方：三鷹」。

我的太宰治文學散步從這裡開始。自古以來，三鷹就聚集了不少的文人在此落腳生活。因此，提到東京的文學散步，三鷹絕對是不會被錯過的景點。

一張散步地圖與歷史照片，
訴說著太宰治早年在三鷹度過的重要創作時光。

i 關於太宰治

二〇一〇年二月日本近代文學代表作家太宰治的名作《人間失格》首次被改編成電影，由傑尼斯偶像生田斗眞主演。《人間失格》本來就是部響亮的作品，不過，對日本出版社來說，怎麼吸引日趨縮減的年輕讀者群，加入經典名著的閱讀行列，始終是重要的課題。

住 JR三鷹站南口前道路

SPOT 1

中央通文學之道

太宰治作品石碑

沿著車站前的中央通，一直往前走下去。在中央通上有許多文學紀念碑，打造出一條三鷹的文學之道。太宰治的作品《斜陽》初版封面和原稿被雕刻成碑，因爲造型特殊，尤其顯得醒目。這條路上還有不少書店，老闆都是太宰治的讀者。因此，店裡總會將太宰治的作品，放在最醒目的位置，同時也會販售太宰治相關的文學散步地圖。

散步的路線，可以沿著中央通走，或者，也可以選擇繞到隔壁的禪林寺通和三鷹通。在隔壁的兩條巷子裡散步，可以見到不少外觀特殊的房子。喜歡建築的旅人，會喜歡三鷹這一帶的樓房，相機必然會拍個不停。

無論是哪一條路，最後，都會抵達連雀通。這裡有一座八幡大神社，而在神社的隔壁，有一座名爲禪林寺的墓園。這裡是太宰治的長眠之地。

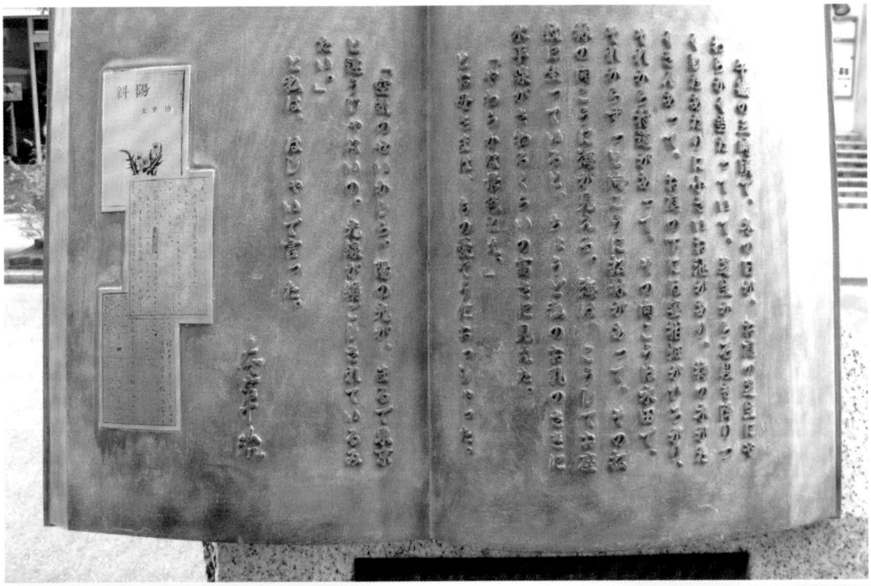

（上）文學之道的路途中可見太宰治的作品《斜陽》初版封面和原稿被雕刻成碑，十分引人注目。（右）太宰治的《斜陽》初版手稿。（中）夕陽西下天空橙黃之際，好似呼應著太宰治《斜陽》一書。（左）包含《人間失格》、《斜陽》在內的一系列太宰治的經典著作，都可以在文學之道途中的書店購得。

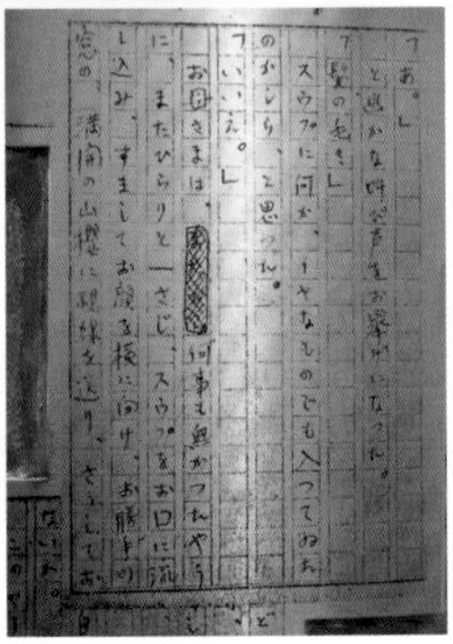

住 東京都三鷹市下連雀4-18-20
營 8:00-日落／週二休

平時總有書迷特別前來參拜，
並獻上鮮花與太宰治生前最愛的菸與酒。
（下）太宰治位於禪林寺的墓碑。

SPOT 2

禪林寺

太宰治的長眠之地

禪林寺是日本近代文學代表作家太宰治的長眠之地。這地方其實是一般的私人墓園，下葬的不只有太宰治而已，所以，原來並沒有意思是要公開讓民眾參拜的。不過，由於喜好太宰治的書迷總是絡繹不絕地前來尋找，並且朝聖致意，最終園方也就默許了民眾進園。同時為了避免在眾多墓碑中迷失方向，入口還特地設置了地圖，告訴你太宰治的墓碑在哪裡。

太宰治的作品從未寂寞。多少年來，《人間失格》仍是日本青春學子熱愛的讀物。他的墓碑前也始終熱鬧著，總會看見有書迷，放上幾束鮮花，並送上太宰治生前最愛的菸與酒。

SPOT 3

風的散步道

傳說中太宰治投河地

走出禪林寺，沿著仲町通往平和通上漫步，最後會抵達一條小溪。溪的名字很優雅，叫做「玉川上水」，而綠蔭滿蓋的道路，則擁有一個更美的名字——風的散步道。

在平和通與風的散步道（御殿山通）交叉口附近，有一塊石碑，名爲玉鹿石。這裡是太宰治在一九四八年寫完《人間失格》以後，投河自盡的區域。石碑旁，放著一束插在清酒裡的花，必然也是來自於某個忠實讀者的致意。

雖然石碑設在步道上，不過，太宰治跳水的地方，距離這石碑還約有十公尺。現在看來，這條小溪的水少得可憐，恐怕連條水溝都稱不上，可是當年，玉川上水可是相當湍急的。

其實，即使沒有太宰治的加持，風的散步道本身就已經是一條值得拜訪之處。繁茂的樹木守候著溪水，一路迤邐著，每個季節都變化出不同的景致。

（上）走出禪林寺沿著仲町通往平和通上，綠意盎然的步道則有「風的散步道」之美名。（中）位於平和通與風的散步道（御殿山通）交叉口附近的玉鹿石石碑，是太宰治當年投河自盡的區域。（下）花季時期漫步在風的散步道上別有一番優雅意境。

住 東京都三鷹市下連雀3-16-14
營 10:00-17:30／週一、12月29日至1月4日休
網 mitaka-sportsandculture.or.jp/dazai/

太宰治文學沙龍招牌。

SPOT 4

太宰治文學沙龍

太宰治粉絲的交流空間

在靠近三鷹車站的本町通路上，還有一處太宰治的文學現場。那是太宰治曾經在此生活住宿過的「伊勢元酒店」原址。在二〇〇八年，爲迎接二〇〇九年太宰治誕辰百年紀念，三鷹市與當地市民決定將現址大樓的一樓，成立「太宰治文學沙龍」，展示著太宰治的相關資料。

太宰治文學沙龍的空間其實並不大，不過，所謂的沙龍空間，希望的是藉由這個場域，讓喜歡太宰治、喜歡文學的讀者和市民，能夠在此交流。文學沙龍除了會定期發行通信會刊以外，還爲舉辦太宰治作品的朗讀會，當然也提供全國各地關於太宰治相關活動的訊息。例如，酷愛檢定考與證書的日本人，原來還有舉辦太宰治作品《津輕》檢定考。

作家已遠，文學猶存。文字跨越幾個世代，從三鷹起始，爲這座城市編織出一片柔情的身影。

（由左至右）太宰治文學沙龍入口處；太宰治文學沙龍招牌。入口處的牆上有著太宰治的肖像與生歿年。

10

和洋交錯
神樂坂

かぐらざか

—赤城神社與文豪熱愛的街—

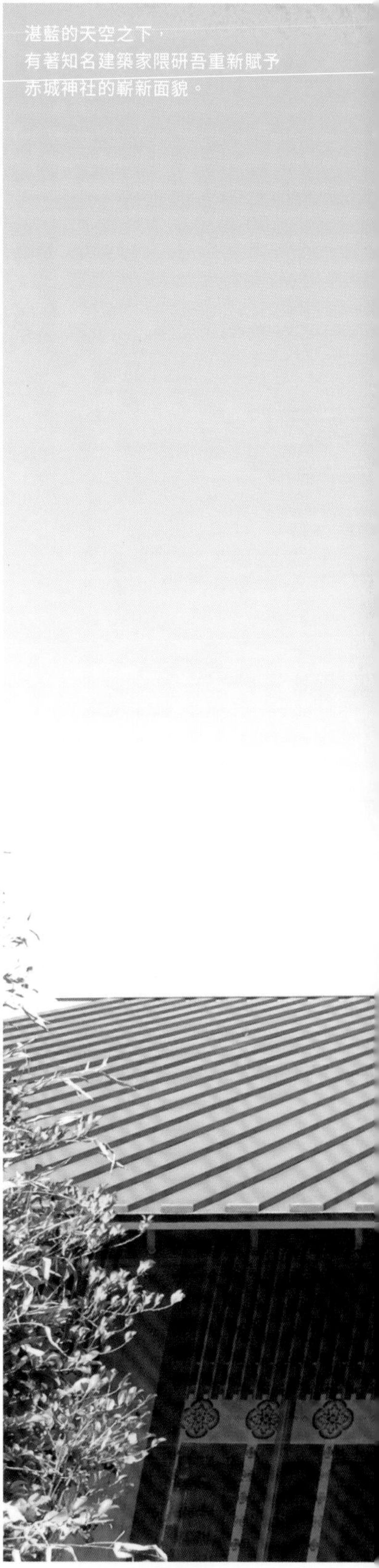

湛藍的天空之下，
有著知名建築家隈研吾重新賦予
赤城神社的嶄新面貌。

PLAN 10

神樂坂半日路線

神樂坂站
◎ 地下鐵東西線

1 赤城神社
2 la kagu
3 海鷗書店
4 AKHA AMA COFFEE 神樂坂
5 神樂坂通

隈研吾風格的神社，坂上的閱讀，懷舊風情的神樂坂，穿起了潮流的新衣。

神樂坂在明治時代是一條著名的花街，沿著大街的左右兩側輻射許多的狹小坂路，交織成一個貌似京都花見小路的區域。如今花街退場，但這一帶仍留下不少日本料理店，漫步其中，風情仍濃。若巧遇春櫻或冬雪，更增添幾分懷舊浪漫的情緒。近年來，神樂坂因為附近有法國學校的關係，增加不少以法國料理為中心的歐陸餐館，讓神樂坂多出一抹和洋雜處的特殊表情。

原本神樂坂最熱鬧的路段是靠近飯田橋站，反而東西線的神樂坂站周圍僅有辦公樓。不過最近這情況開始改觀了。原本附近沒什麼可看性的東西線神樂坂站，因為商業複合設施「la kagu」和「海鷗書店」的開幕，成為了散步新焦點。加上改建過後的赤城神社，懷舊風情的神樂坂，自此穿起了潮流的新衣。

SPOT 1

赤城神社

隈研吾擔綱設計

走訪日本各地，見過許多或老或新的神社廟宇，各自充滿著獨有個性。在這當中，有些神社因爲老舊而重新整修，並非稀奇之事，不過大多數整修的神社仍以過往的樣式爲基礎，建材即使是新的，也盡量仿造往昔的模樣。唯有在神樂坂改建新生的「赤城神社」打破了傳統格局，請來建築名師隈研吾擔綱設計，爲老神社的風格，開闢出了一條嶄新的方向。

神樂坂曾因「嵐」成員二宮和也拍攝的日劇《拜啓，父上樣》而成爲新焦點。當時，在劇情裡曾出現過的赤城神社還是尚未改建的舊建築。近兩年，改建後的新神社則因另一齣日劇，篠原涼子的《最後的灰姑娘》中設定她住在這裡的公寓而再次引人關注。

原有的赤城神社，最早創建於一三○○年，不過早就在一八四二年因火災

日劇中設定篠原涼子居住的公寓。

重建的赤城神社由知名建築家隈研吾操刀設計，俐落的木材線條是最大的特色。

住 東京都新宿區赤城元町 1-10
營 神社境內全日開放
網 www.akagi-jinja.jp

燒毀。一八六八年明治維新之際，正式確立了「赤城神社」名稱，同時也完成了神社再建。太平洋戰爭爆發後，社殿再次遭受祝融之災，直到一九五一年才重建了本殿。然而，重建以後的社殿，仍不堪老朽化，最終走向拆除命運。在這同時，原本在境內支柱神社財源的「赤城幼稚園」，因爲招生短缺也關門大吉。二〇〇九年正式展開「赤城神社再生計劃」，請來了隈研吾擔任建築設計。二〇一〇年，第一階段的正殿部分正式誕生。

如同隈研吾在福岡太宰府天滿宮參道所設計的星巴克咖啡館，近來熱衷於木材線條架構的他，也將這概念放在新生的赤城神社上。同時，在社殿屋檐與木柱外，以玻璃帷幕取代建材，讓整座神社充滿了透明感，可說是當今日本少見的，傳統和現代完美結合的神社建築。

境內的幼稚園原本是支撐神社運作的重要財源，閉園後勢必得另尋管道才能繼續維持神社運作。於是，再生計劃中決定讓三井不動產共同參與重建計劃，將神社旁的建地，興建與神社風格相符的住宅大樓。三井不動產擁有七十年的定期借地權，租賃公寓的收入也繼續支撐神社其他階段的再生計劃。能夠住在神社旁的大樓裡，簡直像是住在公園裡，還被神明守護著，令人羨煞。不過據說，七十年到期後，公寓將拆除，土地將交還給神社作爲其他利用。

這棟高級住宅下，一樓的「赤城咖啡」相當引人注目。淡色系的木頭桌椅，清爽潔淨的室內色調，搭配著同樣也以大片玻璃爲隔間的設計，讓戶外亮晃晃的日光折射進來，極具穿透感。

夏日神社散步，走累了，就進涼爽的咖啡館，喝杯入口香醇的冰拿鐵吧。眺望戶外，綠蔭扶疏，陽光依舊刺眼。七十年後，當我們都不在了，不知道同樣的夏日，氣溫還會向上攀升多少度？當歲月融化了我們，留下的會是什麼？

（上）赤城神社本殿全景，除了社殿屋檐與木柱外全以玻璃帷幕取代建材，可說是傳統和現代完美結合的神社建築。（下）花季時期在赤城神社境內綻放的絢爛櫻花。

i 關於隈研吾

隈研吾，一九五四年生，神奈川人。一九七九年畢業於東京大學建築研究所，一九九〇年成立隈研吾建築師事務所。曾獲得日本建築學會賞等獎項，並以赤城神社這項建築作品，獲得了二〇一一年度的日本GOOD DESIGN賞。

住 東京都新宿區矢來67
營 商店 11:00-20:00（AKOMEYA TOKYO）

SPOT
2

la kagu

滿足生活所需的選貨店

位於神樂坂上的新潮社出版社在自家大樓旁，開了一間名爲「la kagu」的商業設施。la kagu原本是新潮社的倉庫用地，請來了名建築師隈研吾操刀，將老倉庫改建以後，開了一間結合咖啡館、服飾和生活雜貨的複合設施。

原本爲新潮社直營的藝文空間，經營數年後改由外包廠商接手。目前是由「AKOMEYA TOKYO」負責經營，嚴選日本各地特產及食材，販售烹飪器具、各式調味品及職人製作服飾。推薦一樓的咖啡館，買杯飲料坐在戶外階梯享用，氣氛絕佳。

空間經營以日本各地特產及食材、烹飪器具及職人製作服飾為主。

住 東京都新宿區矢來123
營 11:00-23:00／週三休
網 kamomebooks.jp

位於la kagu正對面的海鷗書店不只是書店，還附設藝廊和咖啡廳。

SPOT 3

海鷗書店

坂上的閱讀

在la kagu開幕不久後，正對面也開了一間小書店，名爲「海鷗書店」（かもめブックス）。la kagu的幕後老闆是出版社新潮社；海鷗書店的幕後則是鷗來堂。比較特別的是鷗來堂並非出版社，而是一間專門從事書籍文稿校對工作的公司。

海鷗書店除了銷售新刊雜誌以外，書籍進書的部分在新書之外，更在乎的是主題的選書。比如依照旅行的心境，或星期幾適合讀什麼書，與一般大書店的書架分費方式很不同。書店附設一處小型的藝廊，定期更換攝影或繪畫展；入口則是空間充滿穿透感的咖啡館。週末人多，盡可能的話在平日午後來訪，保證洗滌心靈。

SPOT 4

AKHA AMA COFFEE神樂坂

來自清邁的咖啡香

在靠近赤城神社的小巷弄內，令人驚喜的開了一間來自於泰國北部清邁的知名咖啡館「AKHA AMA COFFEE」。

AKHA AMA才沒開幕多久，我已經去過好幾回。每次去，都挑八點剛開門的清早時分，整間店只會有我一個人，恍若奢侈的專屬包場。簡直是癡迷著那股靜謐又自在的氛圍，於我而言，這段時光是繁忙東京難尋的，恰似泰國獨有的悠緩節奏，實在太合適好好享受這間咖啡館的一切。

AKHA AMA COFFEE的「AKHA」是泰國北部位於清萊的少數民族名稱，而「AMA」則是該族語的「母親」之意。最初孕育AKHA AMA COFFEE誕生的起源，來自於清萊的AKHA族村。咖啡館創辦人的母親爲了孩子就學費用，在農村裡栽培起咖啡豆，而創辦人完成學業後，帶著從海外學習到的咖啡知識重返小鎮，決定幫忙母親種咖啡樹，生產有機咖啡，最後在2010年於清邁開了一間小咖啡館，正是AKHA AMA COFFEE一號店。

中烘焙（中煎）的Klangklang水洗豆是我最喜歡的，酸苦平衡得恰到好處。

坐在落地窗前，搭配司康，啜飲咖啡，靜靜閱讀一本喜歡的書。享受生活需要想像，更需要實踐。AKHA AMA COFFEE爲我的東京泰國週揭開序幕，同時也讓我更加深愛神樂坂，愈來愈豐富包容的魅力。

（左上）赤城神社的小巷弄內，一間來自於泰國北部清邁的知名咖啡館「AKHA AMA COFFEE」。（右上）中烘焙（中煎）的Klangklang水洗豆，搭配司康。（下）店內有著泰國獨有的悠緩節奏。

住 東京都新宿區赤城元町1-25
營 8:00-19:00／週一公休
網 akhaama.jp

住 地下鐵東西線神樂坂站～地下鐵、JR飯田橋站路

（右）穿著傳統日式和服的女子穿梭於遊行隊伍中。
（左）文豪祭期間，主辦單位還特地找人扮演知名作家，乘著人力車在假日街道上遊行。

SPOT 5

神樂坂通

文豪熱愛的街

夏目漱石、泉鏡花、樋口一葉和森鷗外等幾位日本近代文學的文豪，都跟神樂坂有些關係。他們的作品曾經以文京區或神樂坂爲背景，替這個區域增添不少文學風情。神樂坂迄今更是許多出版社的所在地，文風濃郁。不過，有趣的是，大家對文京區的藝文印象太強烈了，以至於很多人誤以爲神樂坂也是文京區，其實神樂坂是新宿區。

由於是難以切割的模糊地帶，在神樂坂舉辦的活動，因此經常就是文京、新宿兩區聯合舉辦了。神樂坂舉辦的活動，經常會以史上的招牌作家作爲代言人，例如「文豪祭」活動，便是在素來有「文豪熱愛的街」之美譽的神樂坂，以跟此地有密切關係的作家爲主題，舉辦假日主題市集，還找人來扮裝成幾位大作家，在假日的街道上遊行。

搶著歷史人物和作家的光環，當作寶藏似的宣傳家鄉，在日本還不少見。將作家和作品舞台作爲切入點，一方面希望藉此聚集人潮到當地的店家消費而帶來收益，另一方面透過活動和手冊的介紹，也可能讓原本不太熟悉這些作家和作品的年輕人，在遊樂之外，反過來去認識那些作品。

城市因爲文學而有了厚度；文學因爲新意而有了傳承。走在文豪熱愛的街上，不禁想像著有一天，當我領著日本人到台灣觀光時，不會只能說「這是小籠包的總店、那是最好吃的芒果冰、這家珍珠奶茶是發源地」，而是道出幾個他們終於也熟悉的台灣作家名字，告訴他們，這就是哪個故事主角曾走過的街。縱使只是一個虛構的名字，卻能讓一條路閃出跨越時代的，驕傲之光。

雪化妝的神樂坂。

11

澀谷的重生

しぶやのさいかいはつ

－大人味的澀谷，
脫胎換骨的東京模樣－

PLAN 11

澀谷站周圍半日路線

澀谷站

◎ JR山手線
◎ 地下鐵銀座線……等

1 MIYASHITA PARK（宮下公園）
2 SHIBUYA STREAM
3 SHIBUYA SCRAMBLE SQUARE

湛藍的天空之下，有著知名建築家隈研吾重新賦予赤城神社的嶄新面貌。

重生的宮下公園，重見天日的澀谷川
行走在兩個商圈過渡地帶，從潮牌走向大人味！

喜歡一座城市，總因為心底有幾條珍愛的街。在那裡我能獲得新鮮的換氣和有趣的發現，即使無所事事閒晃著也覺得自在悠閒。東京，其中一條這樣的街，就是從原宿通向澀谷的明治通。比起表參道來說，我更喜歡漫步在這段路上，兩個商圈的過渡地帶，從青春潮牌漸漸轉向大人味的品牌，恍如歷經一次完美的成長。

自原宿東急廣場出發，沿著明治通往澀谷方向走，會遇到一條岔路叫神宮通，在視線的前方會看見JR高架鐵道的出現。再往下走，遇到cocoti SHIBUYA所在地的十字路口，我通常會右轉，穿過鐵道下的甬道，抵達淘兒唱片城。

宮下公園為一狹長形的商業複合設施。

SPOT 1

MIYASHITA PARK

鐵道的空間利用

沿著那條JR高架鐵道旁，近來有一片全新的商業設施落成啓用，可謂是東京都市更新成功的最新典範，一處結合公園、購物商場和旅館三合一的新地標，名爲「MIYASHITA PARK」。

MIYASHITA PARK翻成中文是「宮下公園」，其實本來這裡就有一座小空地稱爲宮下公園。只不過原本的宮下公園雖然說是公園，但其實不怎麼像公園，大概只是一片空地，幾十年來沒什麼人注意和駐足，有種前不著村後不著店的尷尬。沿著鐵道旁的這塊區域，提供給年輕人打籃球和玩滑板，但始終難以更有效的利用，著實可惜。所幸經過都更規劃，在二〇二〇年八月初，宮下公園煥然一新。

以英語表記「MIYASHITA PARK」的宮下公園重生再出發，不僅保有原來

（上）四樓屋頂的「宮下公園」保留原有的戶外公園功能，擁有長約一公里的綠化步道。
（下）由設計總監藤原浩操刀企劃的星巴克咖啡。

住 東京都谷區神宮前6丁目20-10
營 8:00-23:00

戶外休憩公園的功能，更變出一間狹長形的商業複合設施，有吃有買有得玩。MIYASHITA PARK總共有四層樓，分成三個區域，包括「宮下公園」、商場「RAYARD MIYASHITA PARK」和旅館「sequence MIYASHITA PARK」。

四樓屋頂的「宮下公園」保留原有的戶外公園功能，擁有一處長約一公里的綠化步道，在氣溫適宜之際，這片都市綠洲會是絕讚的休憩景點。除了設置非常多的座椅之外，還有一間由設計總監藤原浩操刀企劃的星巴克咖啡，概念及造型洋溢著歐美風情的公路感。另外，很特別的是建造了一座沙灘排球場，在都內鬧區算是鮮見的風景。即使是在大熱天，打著赤膊的年輕人也不懼烈日，在球場上奔馳，揮汗如雨。

「這就是青春。佩服或羨慕嗎？」同行的友人問我，我搖頭說不。這樣的青春充其量只是傻。年少不經事，他們將來會後悔紫外線老化皮膚的苦。

二樓到三樓是「RAYARD」商場，長約三百多公尺，聚集約九十多間店舖，包含餐飲店、生活雜貨、書店、流行時尚服飾、黑膠唱片行等。至於最高的建築物則是「sequence」旅館。總共有十八層樓，四樓和宮下公園連結，五樓設有可眺望公園的酒吧和餐廳。一樓是二十四小時營業的「澀谷橫丁」。一字排開的居酒屋，匯聚日本各地特色料理，特徵是座椅從室內延伸至室外，除了淺草Hoppy通之外，東京不常見這樣路邊攤形式的餐飲街，散發著特有的熱鬧感。

（上）一樓是二十四小時營業的「澀谷橫丁」，一字排開的居酒屋。（下）屋頂上的沙灘排球場。

35層樓高的SHIBUYA STREAM，有辦公室、酒店、百貨公司、餐飲設施和演唱會空間。

SPOT 2

SHIBUYA STREAM

重見天日的澀谷川

「MIYASHITA PARK」沿著鐵道旁建造，一條狹長的街區型動線，特別強調室內及室外的串連，營造出東京商場中少見的穿透感。所在地點位於原宿貓街的尾端，等於是將人潮向下延續，導向澀谷，同時與SHIBUYA HIKARIE、SHIBUYA SCRAMBLE SQUARE及SHIBUYA STREAM連成一線，全新共榮商圈正式誕生。

SHIBUYA STREAM有35層樓高，和對面的SHIBUYA Hikarie同高，有辦公室、酒店、百貨公司、餐飲設施和演唱會空間。

起名「STREAM」是因爲大樓背面，緊鄰著一條過往誰都不會特別去注意到的「澀谷川」小溪。澀谷地名的由來，來自於「澀谷川」這條河流。因爲大部分的河段都已暗渠化，且河川的源流也被用

住 東京都澀谷區3丁目21-3
營 7:00-23:00
網 shibuyastream.jp

做下水道使用，所以一般人逛澀谷，其實已看不見這條河。

SHIBUYA STREAM大樓建設案中與政府攜手合作，決定將一小段封印半世紀以上的澀谷川掀蓋，並且導入清流整治計畫，讓歷史中的澀谷川重見天日。沿著河川，通往代官山的方向，這裡打造成一條約六百公尺的親水散步道，連結SHIBUYA STREAM的平台上會有兩個小廣場，設置咖啡座並可舉辦露天活動。整體氣氛與八公犬側青春跳躍式的澀谷很是不同，飄散著「大人味」的澀谷，又是一番脫胎換骨的東京模樣。

（左）室內外串聯，有著東京商場中少見的穿透感。
（右）重見天日的澀谷川。

46樓屋內展望迴廊「SKY GALLERY」，
可從室內鳥瞰東京。

住 東京都澀谷區谷2丁目24-12
營 10:00-21:00
網 www.shibuya-scramble-square.com

SPOT 3

SHIBUYA SCRAMBLE SQUARE

澀谷的制高點

「SHIBUYA SCRAMBLE SQUARE」（第一期 東棟）二〇一九年十一月一日開幕。建築設計由隈研吾建築都市設計事務所、SANAA事務所等負責監造。

樓高將近230公尺，超越SHIBUYA HIKARIESHIBUYA STREAM的180公尺，成爲澀谷最高峰。

47層樓戶外屋頂的「SHIBUYA SKY」是日本最大空中花園，不僅能看見東京晴空塔，天氣好時也可能遠眺得到富士山。秋冬時分，建議約晚上六點以後就可以上樓看夜景；夏季約在七點半以後比較適合。這裡同時也是拍攝澀谷十字路口的最強制高點，喜歡攝影的朋友不容錯過。

往下一層的46樓是屋內展望迴廊「SKY GALLERY」，可從室內鳥瞰東京以外，還透過「DATA SCAPE」能了解澀谷的古往今來。「SHIBUYA SKY SOUVENIR SHOP」可買到日本、東京、澀谷特色的伴手禮店，是挑選禮物的好地方。

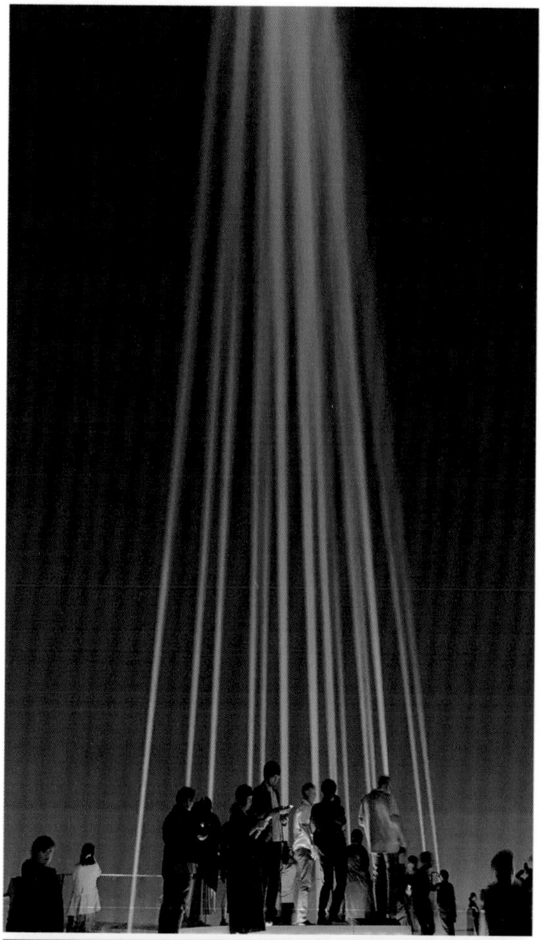

（上）47層樓戶外屋頂的「SHIBUYA SKY」。
（下）伴手禮店「SHIBUYA SKY SOUVENIR SHOP」。

2

2

能量發信地

旅行，是發現自己的捷徑。
從知性萃取養分，在心底開拓出一片能量之地。

1 新宿 花園神社
2 上野 湯島天滿宮
3 調布 深大寺
4 新橋 烏森神社
5 神田 神田明神&湯島聖堂
6 秋葉原 mAAch萬世橋
7 秋葉原—御徒町 2k540 AKI-OKA ARTISAN & CHABARA
8 千代田 3331 Arts Chiyoda
9 埼玉所澤市 角川武藏野博物館
10 原宿—澀谷 山陽堂、SPBS
11 北區十条台 赤煉瓦圖書館
12 新宿 新國立競技場（東京奧運主場館）
13 町田市南町田 史努比博物館

1

新宿
花園神社

はなぞのじんじゃ

－鎮守新宿的能量之地－

櫻花綻放時節，
花園神社洋溢著唯美氣息。

向隱藏在市中心的愛情神社，祈願尋找到Mr. Right。

日本人近幾年喜歡尋找所謂的「能量之地」(Power spot)，也就是在大自然景觀和各式各樣的神社裡，找到特別靈驗或者能夠帶來自我能量的地方。在新宿有一處低調藏於鬧區裡的神社，就被喻為鎮守新宿的能量之地。這裡是靠近不夜城歌舞伎町、靖國通伊勢丹百貨背面的花園神社。

ACCESS

住 東京都新宿區5-17-3
營 境內園區隨時開放。正殿開放至17:00爲止
網 www.hanazono-jinja.or.jp/

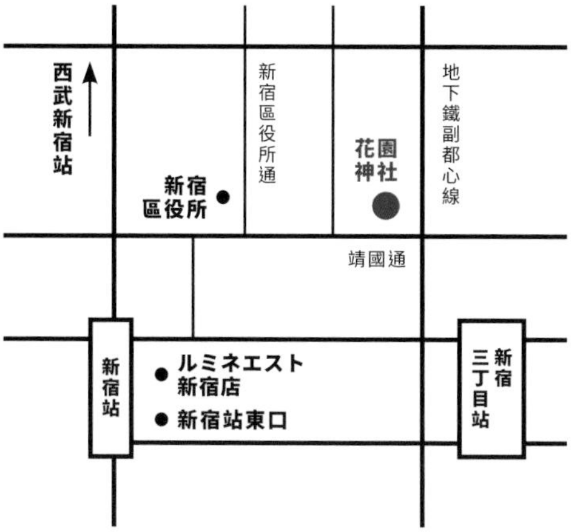

前往方式

- 新宿站 --- JR山手線／中央線 --- 東口出站 ▶ 步行6分鐘
- 新宿三丁目站 --- 丸之內線／新宿線 --- 東口出站 ▶ 步行5分鐘

SPOT 1
花園神社

城市綠洲的能量

花園神社的主要入口是從明治通上進去的。這個入口比較大，鳥居比更爲宏偉，然而，在地理位置上，反而是位於更熱鬧的靖國通上的小入口更有人氣。我很喜歡這條小路，因爲它夾在兩棟高聳的建築之間，像是一條祕徑似的，讓走進花園神社的當下，更有一種踏進城市綠洲的感覺。這條鋪滿石子的小路，當然也有走進日本神社時的鳥居牌樓，兩排宮燈在入夜時分漸漸點亮，別有風情。小路並不長，很快的，就會踏進神社裡與正殿相遇。

第一次沿著這條小路走進花園神社時，頓時有種豁然開朗，驚喜於在這麼雜沓的新宿鬧區，鋼筋水泥森林裡，竟然藏有如此靜謐的空間。與其說這空間既是宗教的參拜，更接近於這附近的上班族們，暫時欲脫離工作壓力喘口氣的舒解場域，也難怪會被稱爲能量之地了。

（上）花園神社的靜謐氣氛也成為附近上班族散步放鬆之地。（下）通往神社正殿前的兩排宮燈在入夜時分漸漸點亮，別有一番風情。（左）花園神社正殿前正誠心祈求的參拜民眾。

神社前成群的紅色鳥居牌樓正是威德稻荷神社最大的特色。

● 威德稻荷神社

超人氣姻緣祈求地

花園神社的創建最早可追溯到日本寬永年代一六二四年到一六四四年之間。不過，當時的神社位置並不在這裡，而是在現在的伊勢丹百貨附近，神社名字也不叫做花園神社。直到一八〇三年左右，才添加了「花園」兩字，而正式定名爲現在的「花園神社」已經是到一九六五年的事情了。

花園神社除了正殿以外，境內也廣納了許多其他的小神社。比如，威德稻荷神社。威德稻荷神社的特色就是在神社前，有個一個又一個重疊的紅色鳥居牌樓，從入口踏進時，總有種進入某種時光隧道的奇異感。這座稻荷神社是女性人氣指數超高的姻緣神社。據說希望得到姻緣的單身女子來此參拜，遇見Mr. Right的機率特別高。

● 藝能淺間神社

演藝界專屬

在花園神社境內，另外還有一間小神社是「藝能淺間神社」。這間小神社從江戶時代開始就以專拜關於演劇、歌唱等演藝相關的神明出名，直到現在仍香火鼎盛。神社旁立有一座歌碑，署名藤圭子，年輕的孩子們或許並不知情，這歌碑大有來頭。作者的女兒，就是平成歌姬宇多田光。

花園神社每到十一月會舉辦「酉市」祭典，經營商家，祈求生意興隆者，必定都會來共襄盛舉。而到了春天三、四月，花園神社開滿櫻花，搖身一變成爲新宿鬧區裡幽靜的賞櫻勝地，爲新的一年的新宿，帶來萬象更新的能量。

江戶時代起，以專拜關於演藝歌唱等相關神明而聞名的藝能淺間神社。

● 酉市祭

六十萬人造訪的節慶盛事

每年十一月的「酉日」都會舉辦傳統的祭典，稱之爲「酉市」、「酉祭」或「大酉祭」。在慶典這幾天內，花園神社從早到晚都熱鬧非凡。尤其是沿著靖國通，擺設一條飲食攤販大街，在新宿實爲難得一見的廟會風景。

所謂的「酉日」用典來源，來自於我們熟知的天干地支當中的「酉」。而酉市就是在十一月酉日所舉辦的祭典與市集。十一月的酉日，依照不同年份有時兩次，有時三次。若遇上三次的話，在十一月的這三天酉日都會在花園神社舉辦盛大的祭典，並且開辦規模龐大的市集。

其實不只是花園神社會辦酉市，另外比較出名的還有大阪的大鳥大社、名古屋市長福寺和各地的鷲神社，也都會在此時舉辦祭典。至於新宿花園神社的酉市，每年造訪人次都高達六十萬人，可說是在歲暮前夕，最有代表性也最不可

酉市祭期間熱鬧無比的祭典現場。

或缺的東京傳統節慶盛事。

「熊手」加持保證生意昌隆

因爲花園神社裡供奉的是祈求生意昌隆的神明，因此在神社的酉市裡，這幾天會賣一種把面具跟錢幣裝飾在竹耙上的東西，日文稱爲「熊手」，據說經過加持後會帶來財富和好運。做生意的商家，當然都會特地來祈求一只熊手回去了。

最有趣的是在買「熊手」時，老闆會伙同大家一起歡呼，並且跟客人擊掌歡慶。不管你買的熊手是大是小，是貴是便宜，老闆的呼喊一點都不打折。

我穿梭在這些熊手的攤位之間，聽著此起彼落的歡叫，感覺熱鬧極了。熊手到底有多麼神奇，我並不知道，但是在一年走進尾聲又將迎接新的一年來臨前，如此的被簇擁著、歡慶著，肯定也像是被「集氣」了一樣，感覺好運會一個個到來。

當然，最吸引我的莫過於神社裡外的飲食攤位。平常並不會販賣小吃的地方，無論是燒烤、海鮮、炒麵、串燒、章魚燒、甘酒或各種甜品攤販，全都聚集在花園神社的內外和靖國通上。十一月的氣溫已涼，攤販的爐火在夜裡熊熊地搖曳著。

我撥開料理的煙霧，聽著人群的笑聲，嗅聞美味的香氣，忽然感覺歡樂的天庭或者多磨的人間，某一刻，也許都是一樣的。

（上）酉市祭慶典期間，神社內外四處都有美食小吃攤位。（下）將面具跟錢幣裝飾在竹耙上的「熊手」，據傳有聚財和好運的象徵。

湯島天滿宮正殿前
總有絡繹不絕的參拜人潮。

2

上野
湯島天滿宮

ゆしまてんまんぐう

－保佑金榜題名的學問之神－

ACCESS

住 東京都文京區湯島3-30-1
營 06:00-20:00
網 www.yushimatenjin.or.jp

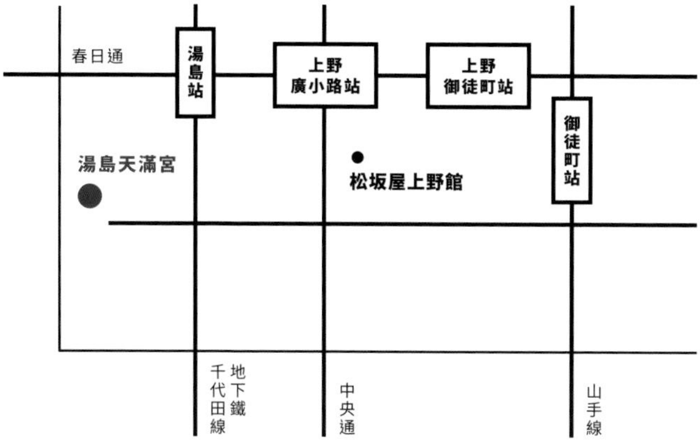

前往方式

- 湯島站 ---地下鐵千代田線--- 三號出口 ▶ 步行2分鐘
- 上野御徒町站 ---地下鐵大江戶線--- A4出口 ▶ 步行5分鐘
- 上野廣小路站 ---地下鐵銀座線--- ▶ 步行5分鐘
- 御徒町站 ---JR山手線／京濱東北線--- ▶ 步行8分鐘

買一支神來之筆，
向考試之神祈求金榜提名。

台灣的考生們若想祈求金榜題名，多半會去寺廟裡祭拜文昌帝君。文昌帝君的轄區雖然不到東瀛，但在東京也有一個類似的地方，靜靜聆聽著在這裡努力向學的讀書人，在心底寄望的前途。這地方叫做湯島天滿宮。

湯島天滿宮位於東京都的文京區，靠近上野車站和御徒町車站，更接近日本第一學府東京大學的校園。在東京大學旁的學問之神顯然應該是特別靈驗了。因此有人說，想要進東京大學的人，要是沒先到湯島天滿宮拜碼頭的話，那是一定考不上的。

SPOT 1

湯島天滿宮

學問之神專佑文人

湯島天滿宮總是吸引著考生們，絡繹不絕地前來祈求心願。甚至遠從外地而來東京畢業旅行的學子，也會特別安排前來一遊。因爲誰都知道，考試這種事情一半靠實力，一半靠運氣。若是在學問之神面前多表現些誠意，說不定眞的就能成爲祂眷顧的對象。

湯島天滿宮俗稱湯島天神，舊稱湯島神社。究竟神社裡祭祀的學問之神是何方神聖呢？學問之神原來是叫做菅原道眞，是遠在日本平安時代（平安時代約在西元七四九——一一九二年間）一位博學多聞的學者，也是一位政治家。一三五五年之後開始在天滿宮祭祀他。因爲這一帶地緣多半出入著學者文人，因此漸漸的，精通學術的菅原道眞就在口耳相傳之中，成爲保佑讀書人金榜題名相當靈驗的學問之神。

（右）湯島天滿宮入口處鳥居，在銀杏盛開時更顯繁盛。
（左）通往湯島天滿宮神社，坡度較為陡峭的「男坂」石階。

男坂、女坂——買一支神來之筆

我很喜歡湯島天滿宮所在的地理位置。神社位於當地一處地勢較高的區域，所以要進入神社時，必須經由幾條石階才能抵達。

斜坡的石階在日文中稱作「坂」，而通往湯島天滿宮的石階則分爲男坂和女坂的坂道。男坂距離神社較近，可是坡度較陡；女坂距離較遠，但坡度較爲平緩。無論你是男是女，選擇走哪一條路上來祈求心願，都不可能兩全其美。學問之神，在你還沒許願以前，其實早就給了暗示。

考生們在本殿前合掌祈求心願，然後到一旁買下一只日式護身符「御守」希望考試得勝。這裡的御守除了普通的形式以外，還有作成小學生書包形狀的御守，以及考試時塡寫答案卡時會用到的鉛筆。學問之神的鉛筆，到底會不會讓自己來個神來之筆，眞是只有天曉得。

其實不只是學生會來這裡祈願，畢業以後希望進入期望的公司，或者想通過日本各式各樣的資格考試的社會人也會來訪。

買了御守還怕祝福不夠嗎？那麼再寫一片「繪馬」吧。把想要考上的學校、想要進入的公司名稱、自己的名字，心底毫不掩飾的慾望，在這片木板上寫個明明白白，這一刻的日本人，再也不曖昧了。

（上）通往湯島天滿宮神社，坡度較為平緩的「女坂」石階。（下）湯島天滿宮神社內掛滿了來自全國各地考生寫下考取一流院校的繪馬。

學問之神
系列鉛筆

湯島天滿宮正殿前
總有絡繹不絕的參拜人潮。

3

調布
深大寺

じんだいじ

－探訪鬼太郎茶館－

ACCESS

住 東京都調布市深大寺元町 5-15-1
營 09:00-17:00
網 http://www.jindaiji.or.jp

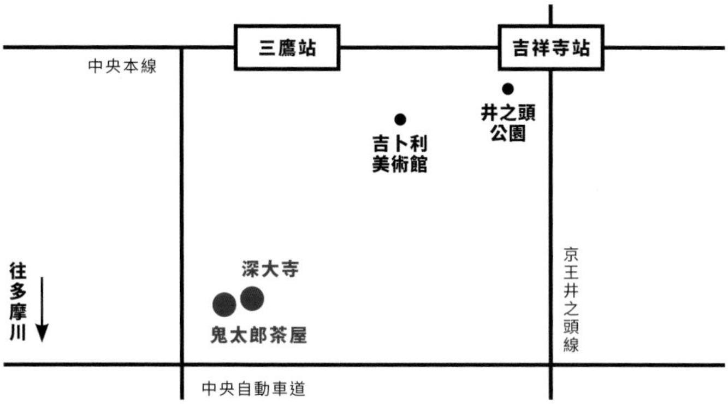

前往方式

- 調布站 --(新宿搭京王線)-- 中央口北口 --(巴士「調34」)-- 深大寺
- 吉祥寺 --(JR中央線)-- 南口 --(巴士「吉4」)-- 深大寺

綠樹成蔭的深大寺，
明明不是在山裡，
卻有著山林的幽靜。

在東京中央線電車上的吉祥寺與三鷹附近，以及京王本線之間的位置，有一處藏在東京都內的古老寺廟，是連東京本地人都經常忽略的地方。這座寺廟名叫「深大寺」。或許是所在地並不在東京最繁華的二十三區之內，而且場所隱秘，並非電車直接就能抵達，必須再轉換公車或者徒步一段時間，所以來到此地的遊客，也不似其他出名的神社寺廟那麼的多。

SPOT 1

深大寺

歷史的風味，小吃的美味

深大寺的歷史比起像是淺草寺那樣人氣鼎盛的寺廟，可是一點也不遜色的。憑著本堂所供奉的阿彌陀三尊像，深大寺就足以是一座可與淺草寺相比擬的古剎了。深大寺的名稱，來自於守護至天竺取經的唐三藏之「深沙大王」。這座寺院最早在西元七三三年就創立了，但在一六四六年和一八六五年相繼遭受到祝融之災，毀掉了大半的建築。現在的本堂則是在約百年前重新建造的。

深大寺得天獨厚的特徵之一，是寺廟處在綠樹成蔭的地帶，明明不是在山裡，卻有著山林的幽靜。每到周末假日，大自然的魅力總吸引著想要暫時逃開城市喧囂的老少男女，特別是家族的散步之旅。

從江戶時代就開始相傳的深大寺名產，是日本人的國民美食蕎麥麵。在通往寺院的路上，圍繞著大約二十多間的蕎麥麵店，倘若在用餐時間來到這裡，不妨挑一間日本氣氛濃郁的店家，一嘗究竟。

蕎麥以外，甜包饅頭與小糰子、各種甘味甜食，以及茗茶的喫茶店，也是到深大寺散步時，令人流連忘返的地方。

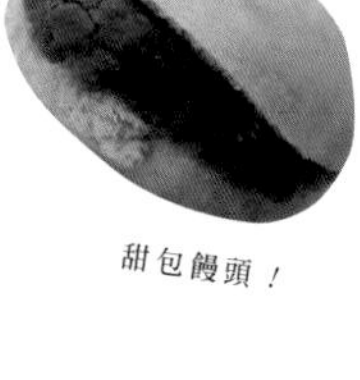

甜包饅頭！

（上）座落於吉祥寺與三鷹附近的深大寺，清幽的環境透出一種奇幻的氛圍。（右）通往深大寺的路途中，隨處可見大約二十來間的蕎麥麵店。（左）深大寺拜殿旁的手水舍。

住 東京都調布市深大寺元町 5-12-8
營 10:00-17:00／週一休

> **i 鬼太郎與深大寺**
>
> 鬼太郎的作者水木茂住在調布市，同時，因爲「鬼太郎之妻」的取景場景就在深大寺，鬼太郎茶屋因此成爲深大寺周邊最著名的店家。

（上）喫茶店週邊豎立著一群模樣逗趣的鬼太郎人物群像。
（下）印滿鬼太郎圖樣的週邊零食商品。

以日本國民漫畫《鬼太郎》為主題的喫茶店和商店開設在深大寺。

SPOT 2

鬼太郎茶屋

日式樓房裡的妖怪美術館

最特別的一間喫茶店，當屬「鬼太郎茶屋」了。以日本國民漫畫鬼太郎爲主題的喫茶店和商店開設在深大寺，讓不少不明白深大寺卻喜好鬼太郎的旅人來到這裡。

綠葉扶疏的鬼太郎茶屋與商店，是棟四十年歷史的木造日式樓房，搭配著可愛的漫畫人物，使人置身其中趣味盎然。一樓除了茶屋以外，商店內有販售鬼太郎相關商品與書籍。二樓則是一間妖怪美術館，介紹著鬼太郎漫畫裡出沒的妖怪，以及作者的介紹。

深大寺裡供奉著庇佑人間的神明，而深大寺外則有鬼裡鬼氣的妖怪。人間穿梭其中，我好奇，究竟是哪一個會比較靠攏著你和我呢？

鬼太郎和臭鼠男！

4

新橋
烏森神社

からすもりじんじゃ

－工作順利賺大錢的必訪聖地－

湯島天滿宮正殿前
總有絡繹不絕的參拜人潮。

ACCESS

住 東京都港區新橋 2-15-5
營 事務所 9:00-16:00
網 karasumorijinja.or.jp

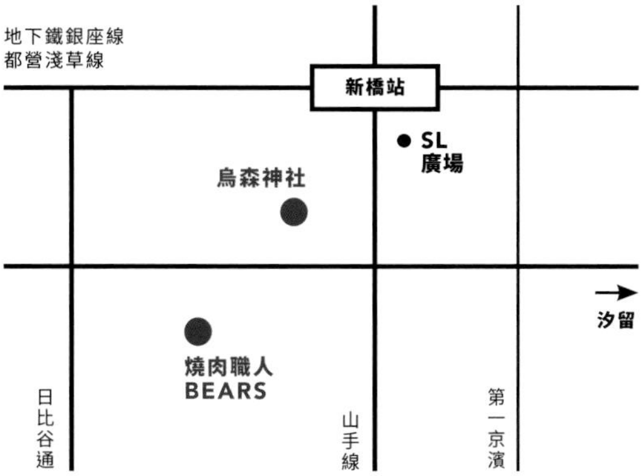

前往方式

- 新橋站 ---JR--- 西口／日比谷口出站 ▶ 步行 2 分鐘
  烏森口出站 ▶ 步行 3 分鐘
- 新橋站 ---地下鐵銀座線／都營淺草線--- 出站 ▶ 步行 2~3 分鐘

烏森神社的巷弄，是東京國民食堂的激戰區。

靠近銀座和東京的新橋車站周邊，在東京印象中，始終是公司行號上班族聚集的地方。日本的新聞節目如果要針對東京上班族，做關於政經議題的街頭訪問時，記者通常都會選在新橋車站前著名的SL廣場隨機採訪。新橋站前的風景，在電視新聞的片段中，因此也成為熟悉的場景。

嚴格說起來，夾在銀座、汐留和日比谷之間的新橋，地緣的幅員很小，定義也有些曖昧。一般觀光客，應當很少會特地到新橋來。畢竟這裡並沒有什麼觀光景點。除非去台場時，若要轉乘「百合海鷗號」時才可能途經新橋。

在新橋車站前，置放了一列蒸汽老火車頭，因為新橋是日本鐵路一八七二年建造當初的原點。當時的新橋站名為烏森站。直到一九一四年東京車站啓用後改名為新橋站，自此也才卸下連絡關西神戶之間的交通轉運重責大任。

兩年一度在五月舉行的烏森神社大祭，
可謂新橋的地方大事。

新橋當初爲何會叫做「烏森」

相傳在古代，江戶灣的砂濱一帶多是松林。當時這裡有「枯州之森」或「空州之森」的別稱。而這些松林，聚集了許多的烏鴉築巢，因此就有了「烏之森」的說法。

SPOT 1

烏森神社

國民食堂的激戰區

烏森的地名雖然已不復存在，但如今仍在ＪＲ新橋車站其中一個出口，保留了「烏森口」這個名字。從烏森口出來，就是著名的ＳＬ廣場。穿過廣場以後，在車站對面的大樓巷道裡，藏了一間神社，名字便是烏森。

烏森神社的創立，最早可追溯到西元九四〇年，而現存的近代建築風的社殿，則是建於一九七一年。這間神社平常雖然在忙碌的新橋低調地存在著，但對在這一帶出沒的人來說，始終是默默的守護著此地。兩年一度的烏森神社大祭會在五月舉行，宣告著夏天的來臨。

烏森神社佔地狹小，但在神社外的小巷弄，卻擠滿了居酒屋和餐飲店。因爲新橋站總是進出著大量的白領階級，讓這裡也意外成爲了國民食堂的激戰區。

（右）烏森神社入口處鳥居。
（左）烏森神社就在新橋車站出口不遠，站前著名的SL廣場，常是電視媒體街頭隨機採訪的熟悉場景。

住 東京都港區新橋3-13-9 GM大樓3樓
營 17:00至清晨（週日、一、例假日，17:00至深夜）
網 wagyu.gourmet55.com

SPOT 2

燒肉職人BEARS

二十年歷史的烏森神社週邊美食

新橋當地店家競爭激烈，不夠實力的早被淘汰掉了，因此，對於觀光客來說，到這裡也特別容易找到道地好吃的餐館。其中，有一間名爲「燒肉職人BEARS」的和牛燒肉店，藏在巷弄之間，是一間若沒有人帶路，肯定會錯過的美味。

日本和牛依照油花分布跟肉質的狀態，將牛肉分爲A1至A5。A5是最高等級，暱稱爲大家經常聽到的名詞，霜降牛肉（雪花牛肉）。

新橋的「燒肉職人BEARS」有長達二十年的歷史。店裡始終堅持使用的就是A5最高等級的霜降和牛，在經驗豐富的廚師手中，將和牛最好的口感透過燒肉傳遞到每個來訪客人的舌尖。

日本是和牛的故鄉，所以要品嘗眞正和牛的美味，唯有親自拜訪一趟日本的燒肉店才行。

里肌肉部分的特色是瘦肉多，油花也不多。用來做特級牛小排肉的部分，油雖然較多，但也顯得格外多汁美味。橫隔膜肉的部分則是以上兩種部位的中和，油與肉平衡的恰到好處。油花的分布跟肉質的口感，當然也包括燒肉的時間，都影響著牛肉彈牙的程度。

（上）店內以酒紅色和深色木桌椅為基底，營造出懷舊的用餐環境。（右）使用A5最高等級的霜降和牛，是燒肉職人BEARS開店二十年的一貫堅持。（左）新鮮和牛燒烤的時間不宜過久，才能保有原有的鮮嫩口感。

（右）燒肉職人BEARS以牛里肌肉特製的超人氣日本和牛握壽司。（上）口感鹹甜交織，完全超乎想像的創意香蕉蝦仁春捲。（下）口感濃厚香醇的牛骨湯也很值得一嚐。

和牛壽司 傑尼斯「嵐」也熱愛

我覺得當店最有趣的，也是在其他地方絕少見過的，是「燒肉職人BEARS」所製作的日本和牛握壽司。

利用牛里肌肉做出來的握壽司，結合和牛的口感與壽司的特質，溢滿特殊風味。和牛壽司經常受到美食雜誌的採訪介紹，連傑尼斯「嵐」的節目中也曾介紹過。當時甚至在跟其他餐廳的料理競爭下，獲得試吃比賽的優秀獎！

我個人除了燒肉以外，還特別推薦兩樣跟燒肉沒有直接關係，但也是該店特色的餐點。一個是牛骨湯，另一個則是香蕉蝦仁春捲。前者口感濃厚香醇，後者則鹹甜混合，意外衝擊味覺體驗。有不少員工都會說中文，也備有中文菜單，歡迎大家放心的前往大吃一頓！

總氏神為總管東京神田、日本橋、秋葉原、大手町、丸之內、舊神田市場和築地市場各神社的總神，神田神社正殿也因「江戶總鎮守」而聞名。

5

神田
神田明神＆湯島聖堂

かんだみょうじん・ゆじまてんまんぐう

－從求學、動漫、IT到生意興隆一網打盡－

ACCESS

住 東京都千代田區外神田2-16-2
網 www.kandamyoujin.or.jp/

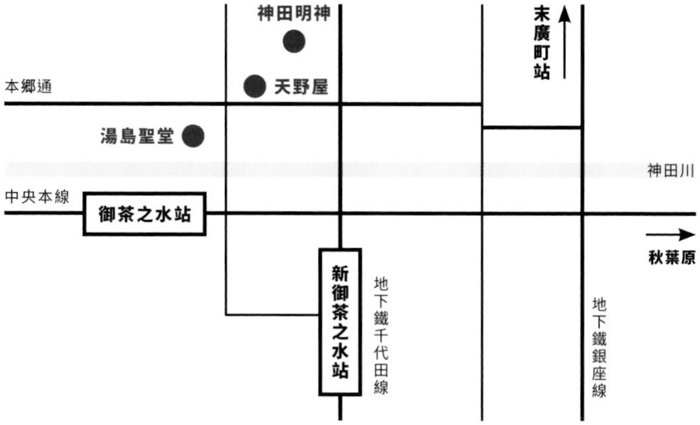

前往方式

- 御茶之水站 --- JR中央線/総武線/地下鐵丸之內線 --- 聖橋口出站 ▶ 步行5分鐘
- 新御茶之水站 --- 地下鐵千代田線 --- 聖橋口出站 ▶ 步行5分鐘

到神社外的小吃店，
一次餵飽半日的口腹。
向神明祈求，
所有願望一網打盡。

從JR御茶之水站出來有兩個重要的歷史據點，一個是有「江戶總鎮守」之譽的神田明神；另一個則是湯島聖堂，祭祀的是我們熟知的孔子，也就是東京的孔廟。光是走一回這條路線，從求學、動漫、IT產業到生意興隆的祈求保佑，幾乎全都一網打盡了。這麼划算，怎能不去呢？

SPOT 1

神田明神

江戶總鎮守

御茶之水的神田明神，正式名稱是神田神社。這裡是祭祀的神明，是總管東京神田、日本橋、秋葉原、大手町、丸之內、舊神田市場和築地市場境內各種神社的總神，俗稱的總氏神。在宗教精神上神田明神是這些神明的最高階級，因此，有「江戶總鎮守」之稱。

神田明神的入口，在大馬路上有一座顯而易見的鳥居，從這裡進入通往神社正門的小巷弄，兩旁有不少賣日式傳統食物和商品的老商家。

由於這一帶無論是從事農產魚貨交易、商業金融或科技產業的公司商舖，都是全日本最密集、最重要的地方，因此，神田明神就成爲庇佑此地生意興隆的神社。

每一年的新年時期，做生意的特別是從事這一帶相關產業的公司行號，幾乎都會來到這裡拜拜。神田明神賣的護身

神田神社入口處莊嚴的古典門樓。

符「御守」因此也和其他神社不同。除了特別多關於保佑做生意順利、賺大錢的御守之外，最特別的是針對上班族，還有賣祈願名片夾。此外，針對距離當地走路只要五分鐘就能到的秋葉原，更是有名爲「IT情報安全祈願」的科技產業御守。看到這些御守，只能說日本人眞有生意頭腦，連這樣的御守都能想得出來，不虧是能保佑生意興隆的神社吧！

而說到秋葉原，怎麼不提到動漫呢？神田明神既然保佑了秋葉原的科技產業，那麼，自然也會庇護動漫工作人員。在神社裡懸掛祈願「繪馬」的地方，於是，就發現了一個特殊景象。這裡有特別多以動漫製作的人，或者動漫作家及動漫的粉絲，會把自己繪製的、或喜歡的作品畫到繪馬上祈福，希望新書大賣、漫畫盡快改編成電視劇，或有朝一日能實現動漫畫家的心願。

看著這些繪馬的時候，我心想，神田明神裡供奉的神明，恐怕比起其他神社來說更辛勞一點吧？因爲各行各業的人都前來祈福，默禱的心中的願望，全是不同背景的專業工作，那麼聆聽願望的神明也必須都懂得這些領域的事情才行哪！

神田神社入口處鳥居參道。

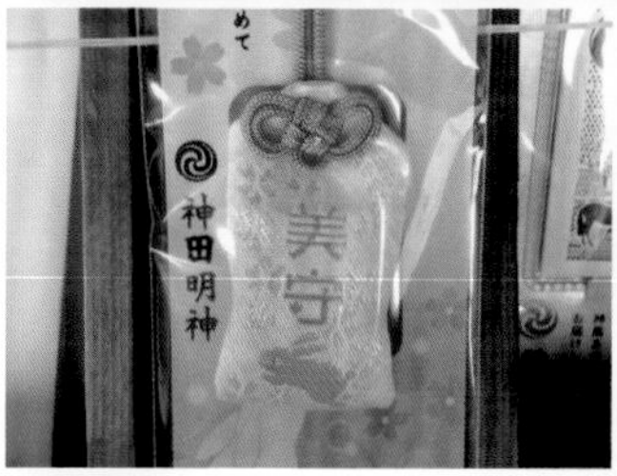

(上)無論是動漫製作人員、動漫作家、動漫粉絲，都會把自己繪製或喜歡的作品畫在繪馬祈福。(中)祈求青春永駐的美麗御守。(下)愛情御守。

住 東京都千代田區外神田2-18-15
營 商店10:00-17:00、喫茶部10:00-16:00
公休週二、海之日（七月第三個星期一），夏季店休（8月10～17日）
網 www.amanoya.jp

SPOT 2

天野屋

祭祀後的口腹饗宴

在神社參道的入口處，有一間藏在綠葉裡的小舖「天野屋」，賣著自家製的日式甜點、甘酒與味噌，即使無關祈願也值得拜訪。

天野屋分成左右兩邊，右邊是專賣味噌、納豆、甘酒、漬物等日式傳統醬菜的店舖，穿通的左邊則是日文裡所謂的「甘味處」也就是專賣和風甜點的地方。我特別喜歡天野屋的內部裝潢。在老舊的木屋裡，擺設許多昭和年代的懷舊飾品，恰好與傳統甜點的氣氛相得益彰。

深秋午後的陽光，奢侈地揮灑進來，外頭的空氣逐漸冰涼時，室內則流動著溫暖的氣息。倘若不喜歡酒的話，那麼就來一盅熱茶吧。

天野屋的日式傳統甜點，自然是少不了這類型茶屋必備的紅豆黑蜜、黑蜜寒天，或佐以白玉（白湯圓）的菜色。我特別喜歡吃灑著黃豆粉的蕨餅（わらび餅），所以當然是點了這道甜點。令人驚喜的是，天野屋的蕨餅跟其他地方賣的蕨餅口感不同。大多數的蕨餅，咬下去時都比較接近於麻糬的質感，有些甚至彈性過度，反而失去了自然感。但天野屋的蕨餅，造型像是元宵，嚼起來時帶著一點米的紮實性，感受到手工捏製的存在感。

常覺得到神社或廟宇拜拜，外頭賣小吃的店家絕對也是必備行程之一。祈求了願望，滿足了口腹，整個人都精神了起來，也許做什麼事情都更加充滿動力。所謂的成功或必勝之路，或許就是從這種幸福感裡，不自覺地伸展開來。

（上）綠樹繚繞景色優美的店舖外觀。（右）日式傳統甜點，灑著黃豆粉的蕨餅（わらび餅），造型像元宵、還帶有米的紮實嚼勁令人大為驚艷。（左）在老舊的木造建築內，帶有一股溫暖的氣息。

住 東京都文京區湯島1-4-25
營 09:30-17:00（冬季至16:00）／8月13～17日、12月29～31日休
網 www.seido.or.jp

（右）素有東京版「孔廟」之稱，祭祀孔子的湯島聖堂。（左）沿著御茶之水車站步行，可以在聖橋上眺望神田川和電車軌道行經的景色。

SPOT 3

湯島聖堂

東京孔廟

走出御茶之水站，有一座得以眺望神田川和電車軌道的「聖橋」，渡橋以後，就抵達了湯島聖堂。湯島聖堂的前身，最早在一六九〇就已經出現。一七九七年時以孔子的故鄉昌平爲名，將原來這裡的私塾改爲官方的「昌平學問所」，在幕府時代專門從事培育人才的教育工作，可謂是日本最早的學校教育發源地。明治維新以後，昌平學問所關閉，獨立出來的教育機關，分別就演變成後來的東京大學、筑波大學、東京醫科齒科大學……等學校。

原來的湯島聖堂在一九二三年關東大震災時付之一炬，現在的大成殿是一九三五再建的。而境內有一尊碩大的孔子像，是台灣在一九七五年贈送的雕塑。

湯島聖堂跟日本一般的神社或寺廟都不同，畢竟原本祭祀的孔子，本來就不是日本神社體系的一環。大成殿內並沒有眞正祭拜孔子的地方，不過有展覽相關文物，進場需要門票。雖然湯島聖堂也有販售如其他神社裡祈求學業成就的繪馬，還有像是湯島天滿宮裡，保佑考試順利的紀念鉛筆，不過，大部份的日本人，並不會來此祈求考運，因此在這裡也感受不到什麼香火鼎盛的景象。

然而，即便如此，湯島聖堂環境的幽靜仍散發著一股低調的書香氣息。千百年前的日本人開始接觸到儒家思想，用著日文朗讀出論語之際，文化的融合與改造也從此開始。那時候的學生，肯定無法想像千百年以後，這一帶仍密集地存在著學校和補習班，造就出了全日本最大的學生街，行走著不同的憂愁與一樣的青春。

東京也看得到孔子像！

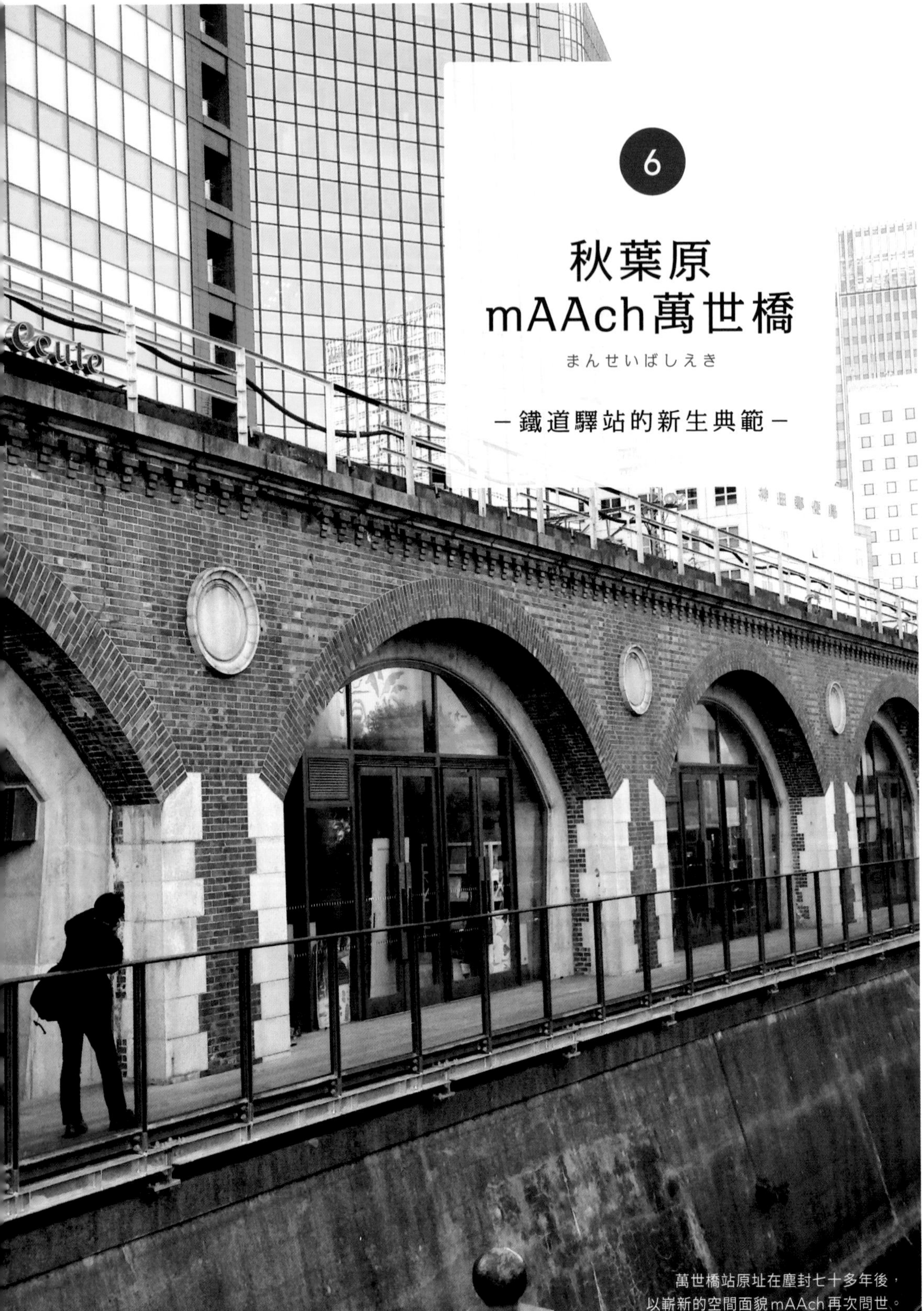

6

秋葉原
mAAch萬世橋

まんせいばしえき

－鐵道驛站的新生典範－

萬世橋站原址在塵封七十多年後，
以嶄新的空間面貌mAAch再次問世。

ACCESS

mAAch 神田萬世橋

住 東京都千代田區
神田須田町 1-25-4
營 各店不一
網 www.ecute.jp/maach

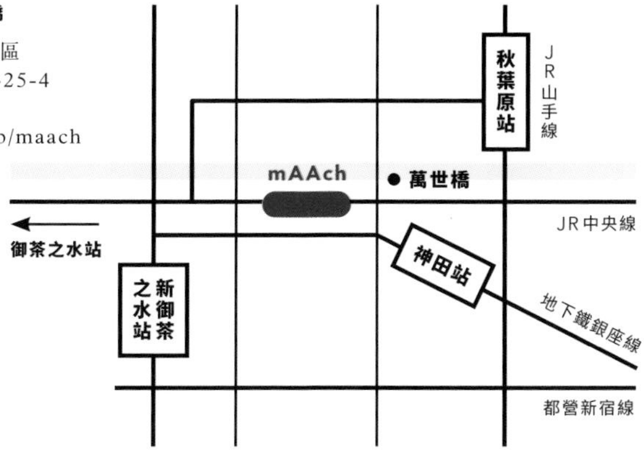

前往方式

- 秋葉原站 --JR山手線-- 電器街口出站 ▶ 步行 4 分鐘
  TSUKUBA EXPRESS A1 出站 ▶ 步行 5 分鐘
- 神田站 --地下鐵銀座線-- 六號出口出站 ▶ 步行 2 分鐘
- 新御茶之水站 --地下鐵千代田線-- A3 出口出站 ▶ 步行 3 分鐘

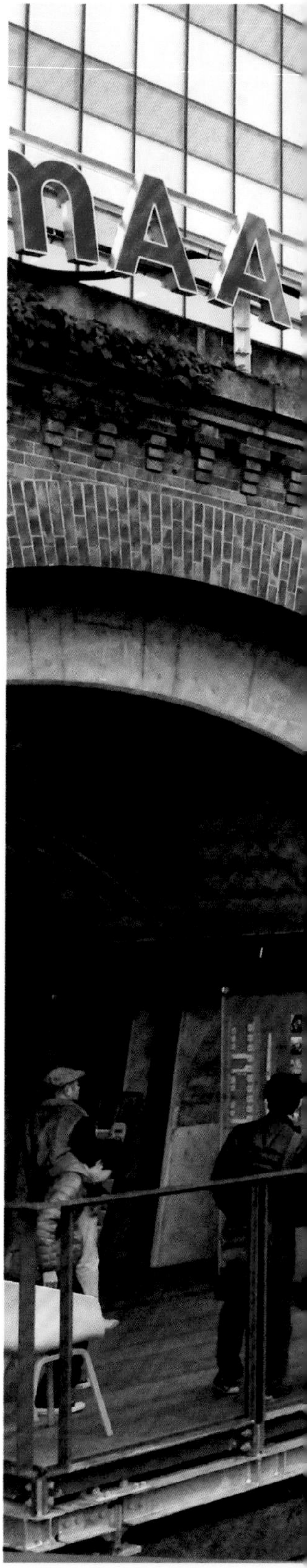

舊月台消失了，
「二〇一三月台」來了，
窗外緊鄰著鐵軌，
候車卻又搭不上的電車。

秋葉原是熟悉東京的人並不陌生的地方。如果你曾經來到秋葉原，在車站附近也就是整個商圈的起點往反方向走的話，應該記得很快就會遇到神田川。跨越神田川上的是萬世橋，橋的盡頭有一棟名為「肉の万世」（肉的萬世）是東京知名的老餐廳。而就在餐廳的對面，曾經是以「萬世橋站」為名的一座車站，在廢站塵封七十多年後，終於在二〇一三年秋冬重天見日。

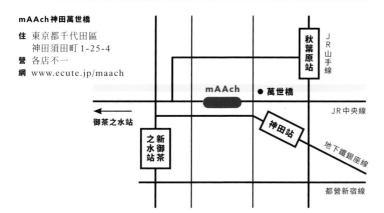

夜間燈光映照在mAAch的紅磚牆上，讓人彷彿回到舊日時光。

SPOT 1

mAAch神田萬世橋

萬世橋站的光華

與世人久違的萬世橋站，利用當年殘留下來的拱形紅磚建築體，在現今的高架鐵道下，復原和新建出一個名為「mAAch」的空間。在這個新生的空間裡，引進許多特色的商家，有的是代表神田區域的職人店鋪，有的則是日本鄉間的特色飲食。

在這些新興的店家穿梭著，隨處都可見到當年老建築殘留的身影。一段階梯、一面牆壁，或復建的月台等等，頗有古今時空交錯之感。當然在商業設施之間，仍不會忘記對萬世橋站的追憶。我特別喜歡在室內的「LIBRARY」書店，有一座重現當年街景的模型，還有窗台邊設置的資訊站，都能讓人輕易了解車站與當時東京人生活的歷史。

來到「mAAch」當然有必要了解這座車站的歷史，如此才能從日本保存文化

並賦予其新生命的動作中，反思我們台灣的文化生態到底該怎麼進行。如今在東京電車路線圖上已經找不到的「萬世橋站」，是在一九一二年建站的。因應當時的中央線開通，在現址打造了一座外觀類似於東京車站的紅磚驛站。當年除了鐵路以外，路面電車也會經過這裡，因此算是那時候的繁華大站。

直到一九一九年中央線開通到東京站後，萬世橋站才從終點站變成線上的一站。可惜美麗的建築在一九二三年的關東大地震中全毀，重建後又歷經二次大戰，後來因爲利用的乘客驟減，故於一九四三年正式廢站。一九四八年在現址開設「交通博物館」（一九三六年至一九四三年名爲鐵道博物館）直到二〇〇六年因爲建築體老化的關係才結束，搬遷到埼玉縣大宮的「鐵道博物館」。

JR東日本鐵道在進行東京車站「丸之內口」驛站外觀與屋頂的復建之際，也同時進行著神田萬世橋站的新生計劃，終於在二〇一三年秋冬完成。當

（右）宛如黑洞般的mAAch神祕黑色入口。（上）在mAAch的屋頂上方仍然可見電車來回行駛，形成一股特殊城市風貌。（下）室內的LIBRARY書店擺放著重現當年街景的模型。

我從AKB48發跡的秋葉原，走向神田川上的萬世橋站改建而成的「mAAch」時，覺得十分有趣。因爲緊鄰著的神田是以古書店和出版社聚集的文化重鎮，兩個區域原本看次毫無交集的，卻因爲「mAAch」而像是中繼站一樣，承接在一起。

高架橋下，七十年前留下來的建築遺址裡，傳來二十一世紀的咖啡香氣，不在地圖上的萬世橋站，此刻卻仍扮演了過去與現在的交匯，神田與秋葉原的文化轉運站。

昔日曾經存在的舊萬世橋站，雖然主要的車站建築已不復存在，但所幸仍有在高架鐵道下的部分殘垣被保留了下來。經過JR東日本改建計劃後所打造出來的「mAAch」空間，透過擁有著地緣背景的職人商家的進駐，傳遞出日本新舊文化的交融典範。舊萬世橋站的往日風華，不著痕跡地融入其中，讓老一輩的東京人得以重溫舊夢，同時年輕人也在寓教於樂的潛移默化中認識東京的歷史。

●二〇一三月台

神田書卷文化與秋葉原大眾文化的交匯點

來到「mAAch」之際，請先別急著逛一樓的商家。這裡有三個絕無僅有，關於時間數字的時光隧道，值得先來check一下。這三個時光隧道的名稱分別是「一九一二階段」、「一九三五階段」和「二〇一三月台」。「一九一二階段」是一九一二年當時萬世橋開站時建造的樓梯。一九三六年成立交通博物館以後，當時可直接從這個樓梯通向博物館內。一九四三年後首次公開。

從一樓踏進「一九一二階段」的樓梯入口，看見昏黃的燈光，灑落在象牙白瓷磚拼貼的牆面上，是一張年事已高，卻飽滿了溫柔與理解的表情。時間的腳步領著我，走向斑駁的磨石子樓梯。這裡曾記憶了多少雜沓的腳步呢？還未來得及思索，一個轉角，石階盡頭，百年後的光已瞬間搶位。另外一道樓梯「一九三五階段」則是在交通博物館的新館開幕時建造的。一九四三年廢站後曾在二〇〇六年公開過一次，如今隨著「mAAch」開幕也永久開放。

沿著樓梯走到二樓有一個狹長的特殊走道，中間的平台鋪了木板和草皮，而左右兩側則做成觀景窗，其中一邊靠窗的地方還有座椅。這裡就是名爲「二〇一三月台」的地方了。舊萬世橋站的月台雖然消失了，但如今打造了一座二〇一三年版本的月台，就像是一般等車的地方一樣，可以像是候車一樣坐在月台座椅上，看見窗外緊鄰的鐵軌，每隔幾分鐘就有電車呼嘯而過。月台上的柱子甚至還復古的掛上了當年「萬世橋」站的日文站牌，另外還有一個當年將鐵軌再利用成的月台建築樑柱，如今也供在這裡作爲展示。

拾階而下，穿越光陰，回到一樓，便是「mAAch」聚集著日本職人和展現都道府縣特色的現代商鋪了。

台灣這幾年也流行老屋新生，許多文化場域被改建成所謂的文青商場，但落

1935階段，是交通博物館新館開幕時建造的階梯，1943年車站廢站後曾在2006年公開一次，現為永久開放。

1912階段，是1912年萬世橋開站時的階梯，1936年成立交通博物館後可直通博物館內。

成以後常陷入兩極化的爭論。藉著改建確實是翻新成了閃閃亮亮的新焦點，但有沒有延續了該地的文化生命呢？那些招攬進駐的文創商店，有沒有體現出該處不可替代的地緣性？燦亮的文創商場有沒有讓走進商場的人，知道自己正站在什麼樣的時間軸上？

我倚靠在萬世橋上，目光從高架橋下的紅磚建築游移到神田川。川水潺潺，我的思索流向了海的另一邊，我生長的那座城市。

（下）mAAch內部的個性商品店舖。（上）二樓特別打造2013年版本的萬世橋站月台，重現當年月台候車的懷舊場景。

（右上、左上）依傍著神田川旁的萬世橋。
（下）萬世橋身處於熱鬧的秋葉原。

座落於JR御徒町站和
秋葉原站間的高架鐵道下，
全新誕生的商場空間。

7

秋葉原──御徒町
2k540
AKI-OKA ARTISAN & CHABARA

あきおか＆ちゃばら

－高架橋下的職人之街－

ACCESS

住 東京都台東區上野5-9
營 11:00-19:00／週三休（店鋪各異）
網 www.jrtk.jp/2k540/

2k540前往方式

- 秋葉原站 ---JR山手線--- ▶ 步行5分鐘
- 御徒町站 ---JR山手線--- ▶ 步行3分鐘

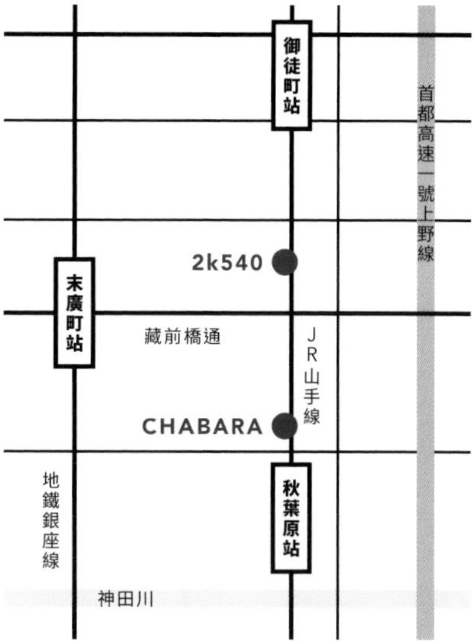

商場外部牆面也有店家精心佈置的造型圖樣。

2k540，鐵道的密碼，橋下的新世界，傳統工藝的年輕商場。

台北有許多高架橋，橋下開發出了不少市場或商店。像是過去在新生高架橋下已不復存在的光華商場，仍相當活躍的建國花市和玉市，以及隨著捷運開通，在高架橋下發展的新興商店街。台北人對於高架橋下的商店應該不陌生。而在東京，高架橋也不少。不是快速道路，而是高架鐵路。這些高架鐵道開發得早，高架橋下的餐飲店多半老舊，給人狹小髒亂的印象。說起高架鐵道下的餐廳，ＯＬ幾乎是不會踏足的，大半是白領階級的男人們下班後飲酒談天的地方。

不過，ＪＲ御徒町站和秋葉原站之間的高架鐵道下，出現了一條明亮有型的商店街，令人懷疑這裡真的是東京的高架橋下嗎？這條商店街來頭可不小，而且還有個非常詭異的名字：2k540。

SPOT
1

2k540
AKI-OKA
ARTISAN

日本職人手作的
小巧茶杯 ▸

手工職人之街

2k540日本JR東日本鐵道集團旗下的JR東日本都市開發公司，基於地域開發而推動的一項都市更新案。2k540的全名是「2k540 AKI-OKA ARTISAN」。而什麼是2k540呢？既然是JR鐵道公司利用自家的高架鐵道進行的都更案，那麼當然得跟鐵路有點關係囉。因此，2k540原來是鐵路專業用語。這串密碼似的數字，是從東京車站爲原點出發的距離算法。走到御徒町站跟秋葉原站的高架橋據點，就是2k540m附近。以日文的念法是Ni-K-Go-Yon-Maru。

AKI-OKA則是日文的秋葉原站（AKI-HABARA）跟御徒町（OKACHIMACHI）

1

1 2K540商店街妥善利用高架橋下的空間，是都市更新的完美示範。
2 商場內部設有簡約造型長凳供人稍坐休憩。
3 商場內部以柏油路和純白為基底，賦予空間簡潔俐落的形象。
4 印有2k540 AKI-OKA ARTISAN LOGO的牆面。

的英文拼音之新造詞。而ARTISAN則是在法文裡，日本人所謂的「職人」之意。至於，什麼又是「職人」呢？原來，在日文裡的「職人」兩個字指的是具備專有技能的人，特別是從事與手工、工藝或藝術相關的工作。日本注重傳統技術，要是做著社會中少有的業種的話，在過去或許乏人問津，但時至今日，這些職人經過行銷、觀光與包裝以後，身價多半翻漲。

從前在御徒町周圍，是江戶時代聚集許多傳統工藝職人的地區。如今雖然也殘留下了不少珠寶店和皮件商，不過多半顯得陳舊老朽，幾乎吸引不到年輕族群的到訪。於是透過2k540的都更案概念，希望將這些原本在江東地區活躍的傳統技藝，灌入新血，集合到一處充滿開放性與設計感的新空間。不只能吸引年輕世代，亦能將難得的手工品技藝傳承和擴展下去，同時也成為吸引外國觀光客，認識日本的途徑。

2

3

● 17區商店街

設計與生活風格物件集合

2k540的商店街主要以商品和飲食分成兩大區塊，同時以英文字母排列，將這些商店依照區域屬性，劃分成十七區。這些職人商店多半以設計藝品為主，在生活風格方面的店鋪，有販售著具有和風味道的鍋碗瓢盆、茶杯、空間家飾品和生活雜貨。衣物方面則有標榜以天然手染素材為底，草木染技法為主的布料、手工背包、皮製品、各種工藝小物等等。而設計首飾、陶藝品、畫作和木製雜貨也能在此找到。

4

好店精選

good shop to go!

2k540的商店街分成商品和飲食兩大區塊，同時以英文字母排列，將商店依照區域屬性劃分成A-Q共17區。

L

匠之箱

想體會日本工藝職人的精髓，來這裡必然能夠獲得滿足。祖傳的手藝，在現場亦公開展示。特別在生活雜貨的創意，特顯豐富。

（上）有著傳統日式老鋪風格的店面外觀。（下）由日本工藝職人在現場親自示範製作產品。

G

Hello! 2K540

Hello! 2K540（ハロー！2K540）是在2022年新開的店家，除了擔綱2K540商店街資訊中心的角色，提供商店街和當地的訊息以外，同時也是一個小型的展示銷售空間。在這裡會定期更換主題，介紹和銷售來自日本所有47個縣的工藝品。

除了銷售產品外，還會從不同角度展示產品製造者的想法和創意。

設計師款風呂敷包巾▼

D

MIC

總店在東上野新御徒町站附近的「MIC」是一間皮革錢包專賣店，強調的是由皮革職人手工製作的錢包，做出能夠耐用經年的商品，當然，全都是日本製造。

喜歡手工皮革製品的人別錯過。

E

ikhtiart帽子工房

各式各樣的帽子，在尺寸跟種類上的多樣化自然不在話下。即使帶著復古感的款式，也有嶄新的驚喜。日本設計的貼心，從頭開始。

店舖內外都擺滿了各式風格的手工帽子。

F

Cafe ASAN

以亞洲動畫創意爲主題的咖啡館，從店裝到來客都瀰漫著2k540的自由氣氛。店內免費使用無線網路和電源。附有吊床式座席是當店魅力。

附有吊床式座席，還可免費使用無線網路和電源。

SPOT 2

CHABARA

花生裝到飽
一整罐裝滿只要
日幣五百元！

住 JR秋葉原站高架鐵道下（電氣街口徒步約1分）
營 店鋪各異
網 www.jrtk.jp/chabara/

和食之街

繼「2k540 AKI-OKA ARTISAN」之後，JR秋葉原站到御徒町站之間高架下，推出同系列的第二彈計劃，取名爲「CHABARA（ちゃばら）」。2k540乃手工職人街，而CHABARA則爲「日本之食」爲主題的全新商店設施。希望透過這個地方，將日本本地自產自銷的精緻農產漁業和蔬果，日本飲食的深奧和傳統，藉由從全世界到訪秋葉原的世界朋友，傳播出去。

現在提到秋葉原，想到的就是動漫和電器吧。不過，在二十多年前，老東京人對於秋葉原的印象可不是電子產品，而是果菜市場。原來，這一帶從前曾經有一座「神田青果市場」的果菜批發市場，流通著從日本各地來到東京銷售的食材蔬果。只是自從九〇年代市場搬遷到大田以後，這裡便與市場絕緣。如今CHABARA的出現，可說是以全新的形態和概念，延續當年熱絡的飲食買賣，並賦予了嶄新的時代精神。

從北到南值得推銷的日本食物

進駐的店家，例如位於鎌倉，知名精進料理教室的首間店鋪「こまきしょくどう鎌倉不識庵」或者在2K540也進駐並十分受到歡迎的「日本百貨店」。當然，在這裡的分店，進貨上不以雜貨爲主，而是食品。

此外，小有名氣的「谷中咖啡館」也在此展店。特別覺得有意思的一間店，是專賣千葉縣房總落花生系列產品的角落。千葉縣的房總盛產落花生，於是在這裡推出一個花生裝到飽的專櫃。十多種口味的花生，一杯日幣五百圓左右，隨意裝到滿。

在這個一千平方公尺的高架橋下賣場裡，精挑細選著來自日本地方的名產，從生鮮蔬果到飲料和零食等土產。遠從北海道到九州、沖繩，凡是日本都道府縣值得推薦和傲人食物與食材，或由名產製作而成的創意商品，都刻意以一種亂中有序的方式擺設。繞在這些陳列架之間，就好像在逛菜市場一樣，許多的驚喜可能就在下一個轉角發現。

從前曾是神田青果市場一帶的CHABARA，再次用食物再次喚醒老東京人的往日回憶。

（上）集結「日本美食」的新生商店空間CHABARA。
（右上）同樣以簡潔俐落的建築工法，打造出同系列的CHABARA商場空間。
（右下）盛產落花生的千葉縣房總地區，也在此推出花生裝到飽的專櫃。
（左）悠閒的午後，來上一杯冰咖啡是最棒的享受。

3331 Art Chiyoda活用老屋新生的優勢，將廢棄中學校改建成創意獨具的藝術中心。

8

千代田
3331 Arts Chiyoda

3331アートちよだ

－廢棄學校變身藝術空間－

ACCESS

住 東京都千代田區外神田6-11-14
營 10:00-21:00
網 www.3331.jp

前往方式

- 末廣町站 ---地下鐵銀座線--- 四號出口出站 ▶ 步行1分鐘
- 湯島站 ---地下鐵千代田線--- 六號出口出站 ▶ 步行3分鐘
- 御徒町站 ---JR中央線--- 南口出站 ▶ 步行7分鐘

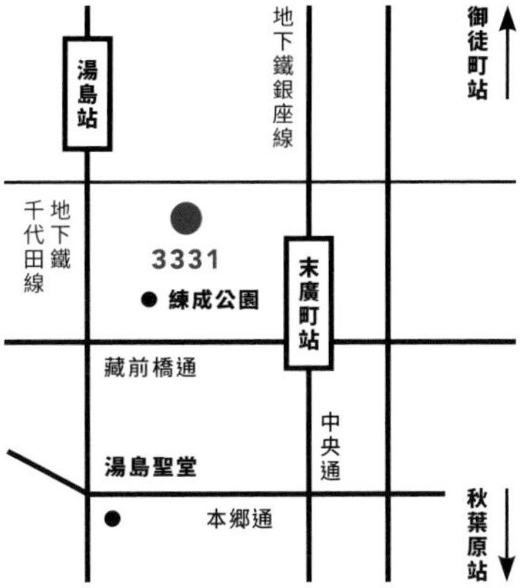

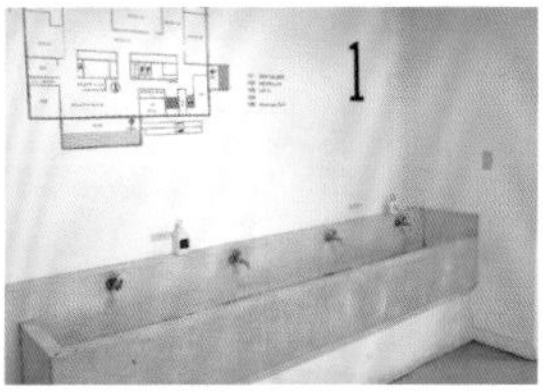

3331，三回三次擊掌的圓滿，
有表情的空間，
歡迎有想法的創意人。

日本人常說空間是有「表情」的，這樣的形容用在一個藝術空間應該是再恰當不過的了。特別是這個空間不只是展覽作品而已，還進駐了各種形態的創意人，形成一個共有的工作空間。如果建築本身還是利用老屋新生的概念，進而脫胎換骨而成新空間，那就更完美了。位於東京千代田區的3331Art Chiyoda就是一處完全符合以上條件的藝術中心。

「3331」是從一座廢棄的練成中學校改建而成的。館內主要不是以館藏的美術作品展覽為主，而是開放給各種形式的創意表現在此展演。館內保持了原來學校教室的格局，一邊逛展也一邊回味自己的學生青春時代。誰說保存在記憶中的自己，一定就是歷史，而不能是一種藝術呢？懂得學會拉開距離欣賞自己的過去，就是藝術。

SPOT
1

3331 Arts Chiyoda

創作者的聲音，生命的熱情

初聞「3331 Arts Chiyoda」時，必然都會覺得這座藝文空間的名字眞怪。Chiyoda是千代田區，那麼「3331」是這棟建築的地址嗎？一直以爲是這樣的，沒想到並不是，而且其實有個非常可愛的由來。

「3331」是日本人擊掌時的韻律。這項擊掌的傳統從百年前就開始流傳，稱爲「江戶一本締め」。常在感謝會的筵席上，眾人先「依喲」喊一聲之後，就開始擊掌。拍出連續三回三次擊掌，總和爲「九」，而九在日文的發音跟「苦」相同，所以，最後再一擊掌，等於爲「九」加上一點，變成了「丸」，而丸在日文裡跟「圓」同義，因此代表將「苦」逐出，最終成了「圓滿」。「3331」的LOGO也是

（由左至右）
根據日本人擊掌時的韻律發想而成的「3331」代表LOGO。
在晴朗的日子裡，悠閒躺在3331 Arts Chiyoda的戶外草坪是最棒的享受。
3331 CUBE shop&gallery現在儼然成為深受大人小孩喜愛的藝術中心。

樓頂同時規劃了
籃球場與空中迷你菜園。

位於一樓的交誼廳，
依然保有中學校教室的黑板、
講台與椅子。

依照這個概念設計的。眞的很佩服他們能想出這樣的取名方式，實在太有創意了！

主要的展覽空間集中在一樓，地下樓、二樓到三樓也有部分展覽空間，或者是設計公司進駐的辦公室兼展售空間。二樓還保有當年的體育館，格局標準。樓頂則是屋頂籃球場，同時規劃出近來東京樓房流行的迷你「屋頂菜園」。一樓中庭還重現了教室座位的空間，作爲咖啡館和交流廣場。

一樓附設的咖啡館和交誼廳，提供市民和逛展民眾休憩和交流的場域。在交誼廳旁的3331CUBE shop&gallery裡，販售著日本設計師的個性原創商品。至於門外有一整面格子牆，則開放給一般民眾申請，作爲個人展出原創作品的小天地。

3331除了主展區需要門票以外，大多數的小空間展場都不收門票。各領域多形式的創意家，透過這些空間傳遞日本藝術設計的活力。對象不僅是東京，也希望遍及東亞，朝向世界的「新藝術據點」而邁進，在這個重生的集合空間裡，展現藝術的多表情。

「3331」委身在千代田區的一個不起眼的小巷弄裡，因爲這些創作者的聲音而聽見了生命的熱情。就像是愛的鼓勵，得以充滿元氣的，繼續走向每一個未知的明天。

（右上、左上）3331 CUBE shop&gallery販售著許多日本設計師的個性原創商品。（左下）一樓附設的咖啡館。

SPOT 2

末廣町小巷散策

日本上班族的日常風景

離開「3331」可來趟末廣町小巷散策。雖然這一帶不是觀光區，實際上也沒有太多可逛的店家，但是這一帶的小巷內存在著很多老字號居酒屋。主要還是聚集著日本的中小企業辦公樓，氣氛跟丸之內那種大公司行號很不同。倘若想感受日本小型公司的上班族日常風景，平日中午或傍晚來這裡轉轉是挺有趣的。

途中經過像是「魚川問屋 久保田商店」這樣很下町風味的鮮魚店，就是這一區店家的類型代表。魚貨批發的店家對面，久保田開了一家同名日本料理店，專以鰻魚飯爲主，是從明治三十年（一八九七年）創業的東京百年老店。再隨意往下走，沿路還會看到像是販售工具零件的雜貨店，或像是「ASIA BAR」的轉角小店，針對附近上班族，中午賣東南亞料理的商業簡餐，晚上則變成小酒吧。

1 很下町風味的鮮魚店，「魚川問屋 久保田商店」。
2 魚貨批發的店家對面日本料理店，專以鰻魚飯為主。
3 販售工具零件的雜貨店。
4「ASIA BAR」的轉角小店，日間是東南亞簡餐，晚上是小酒吧。
5 知名的東京大眾澡堂「燕湯」。

繼續往上野御徒町的方向走，藏在小巷裡的大眾澡堂「燕湯」是知名的東京錢湯。一九五〇年開始營業的燕湯，老房子風韻猶存，已被列爲國家有形文化財。東京錢湯大多下午才開始營業，燕湯是少數一大清早六點就開門的店家。

老錢湯、老建築，在這裡雖然絕對能體驗到日本大眾澡堂文化，不過請容我提醒，燕湯的老闆也是出名的兇。網上一查，很多特地到訪的日本人都變成苦主。如果沒遵守好入店規則，常會被罵到臭頭喔！

9

埼玉所澤市
角川武藏野博物館

角川武蔵野ミュージアム

－打造想像、聯想和幻想的原點－

站在被巨大書架包圍的「書架劇場」中心點，可以感受那股視覺的震撼。

ACCESS

住 埼玉縣所澤市東所澤和田 3-31-3
TOKOROZAWA SAKURA TOWN
營 週日至週四 10:00-18:00，週五、週六 10:00~21:00，
每月第 1、第 3 及第 5 個周二／遇例假日時開館、隔天閉館
網 kadcul.com

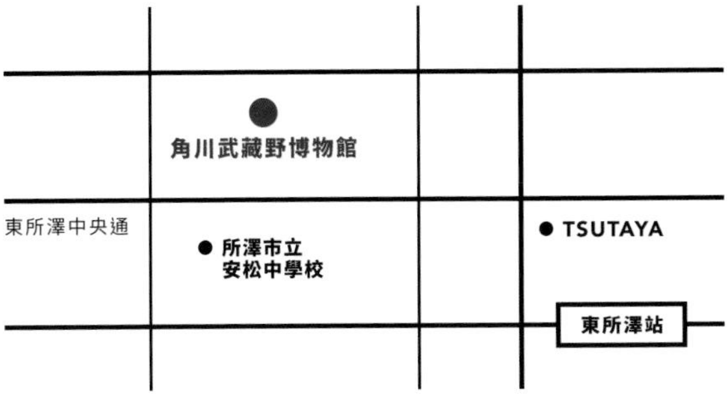

前往方式

● 東所澤站 --- JR武藏野線 ---▶ 步行 9 分鐘

在人來人往之中，
我們仍期望有一個孩子，
在這裡從某本書獲得啟發。

會被「角川武藏野博物館」這個新景點吸引而來的人，大致可能有兩種類型。一種人，是熱愛設計師隈研吾的建築迷，因為這棟造型特異的設施是由他所操刀構思的，不僅內部空間動線特別，外觀與周圍環境的互動，在衝突與和諧之間，創造出一股神奇的平衡感；而另一種人，則是看見宣傳照上有如哈利波特魔法學校般的場景，想要親自站在被巨大書架包圍的「書架劇場」中心點，感受那股視覺的震撼。喔，當然，最後不能免俗仍是為了要拍一張可以上傳到社群網站的照片。

SPOT 1

角川武藏野博物館

奇幻的藝術之境

在ＮＨＫ跨年晚會「紅白歌合戰」節目中，當紅藝人YOASOBI在此登高一唱之後，「角川武藏野博物館」更是成爲熱門的觀光朝聖景點。不過，這所謂的「觀光景點」其實是一座融合圖書館、美術館和博物館於一體的複合式文化設施。設施一共五層樓，三樓是「ＥＪ（Entertainment Japan）動漫博物館」，有系統地歸納和介紹日本的動漫文化；五樓是與所在地武藏野相關的圖書室及畫廊，另外還附設餐廳；二樓入口大堂則有咖啡店和博物館紀念商品店。

占地最廣，也是「角川武藏野博物館」主打的特色是圖書館。一樓的藏書以漫畫和輕小說爲主，四樓的藏書除了類型小說之外，是各式各樣主題性的非小

角川武藏野博物館，是由建築師隈研吾的操刀構思，在衝突與和諧之間，創造出一股神奇的平衡感。

說，從散文、雜文、紀實、流行文化到攝影書都有。四樓的圖書空間設計得相當吸睛，整個行走動線恍如一條路徑崎嶇的道路，你穿梭在其中前行，左顧右盼，沿途發現的驚喜風景，就是與你相逢的選書。抬頭的視線，不斷跳出裝置藝術性的看板，活潑有趣。這條書街稱爲Edit Town Book Street（編輯小鎮書街道），長僅約五十公尺，卻蒐集了約兩萬五千多本書，是透過館長也是編輯學專家松岡正剛的選書，希冀以九大脈絡的主題書區，帶領讀者以不同的角度來重新認識世界，打造想像、聯想和幻想的原點。

四樓的圖書空間宛如一條書街，稱為Edit Town Book Street（編輯小鎮書街道）

穿過書街，就會抵達從天花板到地板一氣呵成的「書架劇場」。作家、博物學研究家荒俣宏從他的藏書中挑選約三千本書，排放陳列在這座環形的巨大書架上。這些書的年代橫跨十九到二十一世紀，甚至還有其他地方已找不到的絕版藏書。

「書架劇場」有「劇場」二字，是因爲這裡會定時上演影音燈光秀。當光線暗下，這些書籍就成爲投影的背景。看似立體的投影，從高聳的書架上跳躍而出，每一次，都是書本、作家及讀者之間互動的心跳。

這樣的演出設計很有賣點，不過我同時也懷疑，究竟有多少人遠道而來，眞的是爲了圖書館的功能呢？抑或只是爲了踩點，看場燈光秀並拍拍照而已？老實說，對於一個本來就喜歡閱讀，並擅長主動找書來看的人而言，其實並不需要來到這樣的地方，平常也就能在各種管道與書相遇。而打從心底根本也沒打算看書的人，即使身處在如此炫奇的圖書空間，身邊經過成千上萬本的書，終究也只是緣慳。

那麼既然如此，爲何還要大費周章去打造這樣一座圖書館呢？

我想，是等待某種奇蹟。因爲在人來人往之中，我們仍期望有一個孩子，在這裡從某本書獲得啓發。那啓發會深埋在他的心中，無論未來他會成爲改變世界的作家，或者僅僅只是閃過拯救自己的念頭，都會是彌足珍貴的奇蹟。

（上）從天花板到地板一氣呵成的「書架劇場」。（下）博物館內的紀念品店。

10

原宿・澀谷
山陽堂 &SPBS

はらじゅく・しぶやのブックスペース

－潮流聖地中，書店與文具的秘境－

擁有123年歷史的山陽堂
已成為表參道
最具代表性的老書店。

ACCESS

原宿　山陽堂

住 東京都港區北青山3-5-22
營 10:00-19:00、週六11:00-17:00／週日、例假日休
網 sanyodo-shoten.co.jp

澀谷　SHIBUYA PUBLISHING & BOOKSELLERS（SPBS）

住 東京都澀谷區神山町17-3
營 11:00-21:00／不定休
網 shibuyabooks.co.jp

山陽堂前往方式

● 表參道站 ---（地下鐵銀座線 千代田線／半藏門線）--- A3出口出站 ▶ 步行30秒（有階梯）
B4出口出站 ▶ 步行3分鐘（手扶梯）

SPBS前往方式

● 代代木公園站 ---（東京千代田線）--- 2號出口出站 ▶ 步行8分鐘
● 澀谷站 ---（JR山手線）--- 表參道出口出站 ▶ 步行12分鐘

表參道上，老字號的山陽堂，
牽起了潮牌和出版社，
紛紛開起了新概念書店。

許多人對於原宿和澀谷的印象，多半是停留在時尚潮流或精品名牌店聚集的逛街區域，總是充斥著人來人往的嘈雜。寧靜空間的書店和文具店，彷彿跟這一帶沒什麼關係似的。其實，原宿和澀谷有不少個性獨特的主題書店或文具店，散落在名牌店和小巷弄之間，讓你即使沒有預算在這裡買名牌，也可以來一趟心靈充電的散步小旅。

從表參道開始的原宿到青山，再一路逛到不遠處的澀谷，長年喜歡的幾個書店或文具空間，分別是老舖書店山陽堂、結合咖啡館的文具店文房具Café、時尚名牌MARC JACOBS開設的BOOKMARC書店、設計精品文具店Spiral Market和獨立書店SHIBUYA PUBLISHING & BOOKSELLERS，各自扮演著迥異的角色，豐富了原宿與澀谷的深度。

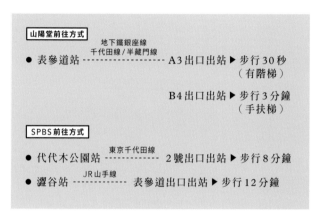

SPOT 1

山陽堂

守護表參道的老書店

表參道的尾端，也就是與青山通交會的十字路口時，除了馬路上的兩座石雕宮燈很引人注目以外，還有一棟披掛著彩色壁畫的狹長樓房，矗立在參道的入口。這張壁畫的背後是一間老書店。創立於一九八二年的山陽堂書店，迄今營業已超過一百二十三年。這間書店的歷史比日本最大的連鎖書店紀伊國屋書店（創立於一九二七年）更久。山陽堂在這裡開業之初，根本還沒有表參道，當然也沒有明治神宮。

山陽堂的馬賽克壁畫原來是某一期《週刊新潮》的封面，最初是當作廣告用的，書店的名稱那裡本來寫的是「週刊新潮」四個字。既然是廣告，照道理就是期限到了會下架，不過，因爲這幅畫的愛好者眾多，最後就被保留了下來，成爲表參道超過四十年以上，堪稱上檔最久的戶外廣告。

山陽堂最初開設於對面的Mizuho銀行之處。現在的書店所在地，原來是一間豆腐店。因爲附近曾湧出甘醇的井水，得以製作初美味的豆腐。誰也沒料到，拜這井水之賜，在二次大戰美軍空襲東京時，很多木製房屋都遭到祝融之虐，山陽堂則因爲近水樓台而免於焚毀。

一九六四年東京奧運會舉辦時，選手村靠近表參道，政府爲了整頓市容，認爲山陽堂的樓房過於老舊，同時又要拓寬青山通之故，因此將山陽堂所處的樓房削減了一大半，才成了現在的狹長模樣。現在的山陽堂只有九坪的空間。即便如此，在這狹窄的空間裡，卻還有兩層樓的賣場。一樓販賣雜誌，類似閣樓的二樓則以文庫本、地圖、實用書爲主。同時，每個月山陽堂還會刊印手寫的新書書訊，除了新書以外，還有書店老闆與讀者的問候以外，以及挑選推薦的主題閱讀。雖然只是一張影印紙，可編輯概念卻一點也不輸給大型書店。畢竟都已經開業一百二十年啦，不可小覷老薑的辣。

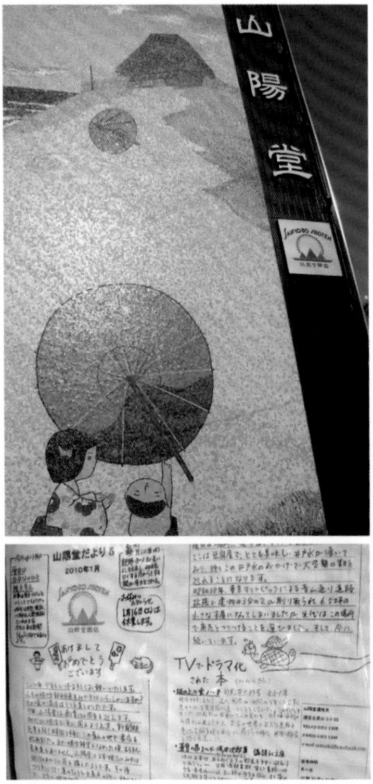

（上）原為廣告用途的《週刊新潮》封面，因受到眾人愛戴而保留了超過四十年歷史，堪稱上檔最久的戶外廣告。（下）山陽堂每月的新書書訊刊載新書介紹、主題閱讀和店主問候，雖為手寫文宣但卻透露濃厚的人情味。

住 東京都澀谷區神宮前4-8-1 B1F
營 11:00-21:00／週二休
網 www.bun-cafe.com

（右）進入文房具Café時，將會獲得一把開☒書桌抽屜的神祕鑰匙。（左）打開抽屜後，裡頭放著許多可自由書寫的文具和筆記本。

SPOT 2

文房具Café

被文具擁抱的交流場域

起初聽到表參道新開了一間文具店時，直覺地想像肯定也是一間裝潢得漂亮，但因地價昂貴，故空間狹窄的店家。實際來到「文房具Café」時，意外地看見的是一處寬廣而毫無壓迫感的自在空間。尤其跟附近其他文具店不同之處，在於這裡不只是間文具店，還是文具咖啡館和文具圖書館。更精準地說，是一個讓喜好文具的粉絲，交流生活的場域。

這裡精選了許多的精緻文具，有來自國外的知名品牌，也有日本當地如銀座月光莊等老舖的商品，同時也開發自家的原創商品。除了文具相關用品之外，店裡一隅有個書架，放置了跟文具相關的書籍、雜誌和型錄，可謂一小型的文具圖書館。

一九六七年創立的東光ブロズ原本就在墨田下町老街經營文具和紙製品，二○一二年六月決定跨出新嘗試，開設了這間店。喜歡文具的朋友，怎麼捨得買完文具就離開呢？於是，他們決定打造一個休憩的飲食場域，在這裡足以悠緩地感受被文具擁抱的氣氛，並且還能認識同好。倘若成爲會員後，可以參加每週二定期舉辦的文具同好交流會。最有趣的是入店時你將獲得一把打開書桌抽屜的鑰匙。抽屜裡放置各種文具和筆記本，可自由使用。入座的人，在這裡交換隻字片語，或者主題繪畫接龍，一段未知的相遇奇蹟，也許就在文具之間曖昧而甜蜜的滋生了。

文房具Café內部空間
如同複合式展場一字排開所有商品。

SPOT
3

Spiral Market

◀京都西陣手染絲製成的吊飾！

生活與藝術的融合

Spiral Market位於青山通上的SPIRAL大樓裡。SPIRAL是一棟複合文化設施，結合了藝文展演空間、電影院、餐廳酒吧、美容沙龍和Spiral Market這間位於二樓的設計生活雜貨店。十分新穎的大樓外觀設計，恰好呼應了內在美。很難想像，這居然已經是二十九年前建造的大樓了。事實上大樓的設計可是來頭不小。這棟由日本當代建築家槇文彥操刀設計的大樓，曾過得美國「R.S Reynolds大賞」。

自一九八五年十月開幕以來，SPIRAL就秉持著「生活與藝術的融合」爲精神，

正門入口的平台定期舉辦，
主題展覽推薦國內的職人手作商品。

住　東京都港區南青山5-6-23 2F
營　11:00-19:00
網　www.spiral.co.jp

舉辦許多生活化的藝術活動或影展，而在東京的設計雜貨店風潮尚未爆發之前，Spiral Market可謂是時代的先驅。

早期Spiral Market賣的設計商品走的是曲高和寡，單價較高的精品。時代變遷，調整經營的方向以後，如今的賣場除了精品之外，價格易於入手的設計小物，種類也變得非常充實。Spiral Market的店鋪面積相當寬廣，明亮的空間，依照不同區塊，展售各類型商品。從較爲大型物品的室內設計家具，到居家生活雜貨，或者CD與卡片，將設計藝術的範疇深入生活裡的每一個角落。在正門入口處還有一個平台空間，會定期更換主題展覽，推薦日本國內的設計職人商品。

特別推薦日本設計創意公司MUTE在這裡販售的商品，是受京都「昇苑」委託設計的「組紐」細繩。由宇治的職人製作的組紐，百分之百由京都西陣手染絲所編製而成。和風的色彩，在繩結螺旋之間，呈現出極簡雅致的規律之美。

東京有許多藝術與設計的重要展覽，每一年都在秋天相繼舉行，故這個季節習慣被藝文圈的人士愛稱爲「藝術之秋」。在藝術之秋裡最早鳴槍起跑的活動，當屬於十月下旬在SPIRAL所舉辦的「THE ART FAIR +PLUS-ULTRA 2014」藝術展覽會。雖名爲藝術展，但這項活動所展出的作品，其藝術的涵括幅度很廣，尤其因爲展場位於青山和表參道，故參展作家似乎也意識到區域的互動性，作品流動著濃厚的時尚現代感。若十月來到東京，正逢展期，別忘記來逛逛。

在SPIRAL的空間中，你會明白設計不是遙遠的終點；設計是一個入口，一道讓我們容易進入，美好生活的入口。

在店內可以發現不少新奇有趣的設計師商品。

（由上至下）日本設計創意公司MUTE受京都「昇苑」委託設計的「組紐」細繩，由京都宇治的職人以京都西陣手染絲所編製而成。內部一隅展售了許多造型獨特的手錶。然有序的空間主要販售香氛蠟燭和沐浴產品。

住 東京都澀谷區神宮前4-26-14
營 12:00-20:00／臨休
網 www.marcjacobs.jp/contents/bookmarc.php

SPOT
4

BOOKMARC

時尚專門書店亞洲一號店

二〇一三年十月，由美國紐約出身的服裝設計師MARC JACOBS企劃的時尚專門書店「BOOKMARC」於原宿正式開幕。這是「BOOKMARC」繼紐約、洛杉磯、倫敦、巴黎後的第五間店，也是亞洲的首間店面。

一間由流行時尚品牌公司跳進來開設的書店，究竟跟其他一般書店有何不同呢？「BOOKMARC」標榜的是在這裡可以一窺激發設計師MARC JACOBS靈感源頭的一些書籍。橫跨了時尚服飾、藝術、文化、攝影、詩集和藝術論等領域，因此亦可謂是一間以MARC JACOBS爲觀點的選書店。歐美原文書和日文書的比重約佔七比三，而除了書籍以外，書店內也販售MARC JACOBS出品的筆記文具用品。流行度跟精緻度令人眼睛爲之一亮，但畢竟是放上了精品標籤，定價當然也不可小覷了。

三層樓的極簡外觀，繼紐約、洛杉磯、倫敦、巴黎後，東京成為全球第五間店面。

SPOT
5

SHIBUYA PUBLISHING & BOOKSELLERS (SPBS)

為書本找到存在的價值

簡稱SPBS的SHIBUYA PUBLISHING & BOOKSELLERS在澀谷的巷弄之間，是東京極具特色的書店風景。SPBS不只是書店，也是一間小型出版社。事實上在書店賣場的後方，僅用一大面落地玻璃隔開來的，就是編輯部的辦公室。從書架之間，可以窺見玻璃後方行政人員辦公的模樣，算是新鮮的書店或出版社形式。

在出版社機能方面，SPBS早期曾發行自家雜誌，後來轉向發行更有獨立精神的小刊物。現在也接受企業委託，以幕後編輯室的角色，替業主企劃製作刊物。不定期還會在此舉辦與出版主題相關的工作坊，比如編輯營課程，讓想成爲編輯的人可以借由專業講師的指導，在這裡學習，並最後製作出一本專屬刊物。就像歐美有許多獨立書店也擔任特色出版的形態一樣，SPBS也希望如此，爲日本的出版圈展現出多元的一面。

書店進書的部分則是以SPBS的價值觀，挑選想要在這個空間介紹給讀者的書籍。除了文字書之外，圖像式的書和雜誌占了最大宗，共分成Nonfiction、Literature、Entertainment、Comic、Art Photo Fashion、Design Architecture、Lifestyle七大類。喜歡來這間書店的讀者，多半是因爲這裡能找到一些別的書店不會進的書。有些作品的品質很高，但尚未擁有名氣的攝影師或藝術家，可能因此就在這裡被人發掘。

在三十坪左右的書店空間裡還有雜貨販售，甚至還有迷你的展覽空間，定期更換展覽主題，完全善用到了店裡的各個角落。

二〇〇八年開店以來，SPBS秉持著「存在價值」的理念來持續經營。除了讓書和雜誌在這裡擁有被尊重的存在價值以外，也希望作家和讀者在這裡找到彼此存在與互動的價值。

（右）波浪形狀的書架與一旁的方格書櫃營造出矛盾的美感。（上）SPBS不只是書店，也是個獨立刊物出版社，整體空間也像極了創意公司的辦公室。（下）店內一隅，集結來自國內外多元的生活風格雜誌叢書。

整齊的書架擺設，
晴朗的日子裡只見陽光盡情灑進室內。

11

北區十条台
赤煉瓦圖書館

あかれんがとしょかん

－東京都北區立中央圖書館－

ACCESS

住 東京都北區十条台1-2-5
營 9:00-20:00（週日及例假日至17:00）／每月單數週一休
網 www.library.city.kita.tokyo.jp

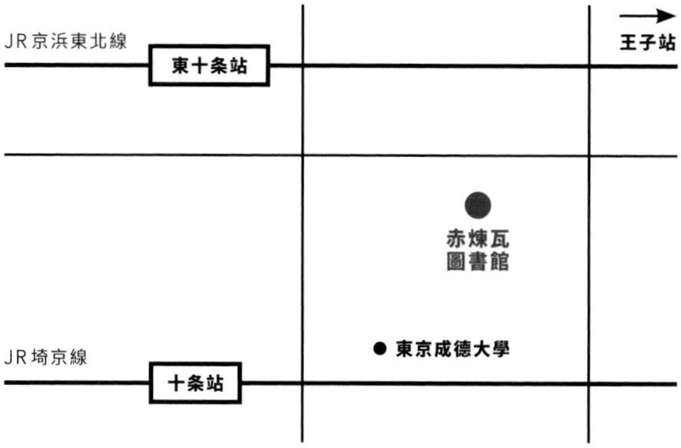

前往方式

- 十条站 ---JR埼京線--- 南口出站 ▶ 步行12分鐘
- 東十条站 ---JR京浜東北線--- 南口出站 ▶ 步行12分鐘

舊倉庫新建築！
坐著北歐名椅，
在自然天光親近一本書。

位於北區十条台的赤煉瓦圖書館（赤レンガ図書館），正式名稱是「東京都北區立中央圖書館」。日文裡的赤煉瓦，就是紅磚塊之意。圖書館的一部份，改造了往日殘留下來的紅磚老倉庫，毫不突兀地融合進新式建築裡，獨特的外觀，讓此地成為地方的醒目地標，爭取到不少注目的眼光。赤煉瓦圖書館遂成為當地居民對北區立中央圖書館的暱稱，久而久之，甚至比本名更為響亮。

SPOT 1

赤煉瓦圖書館

從兵工廠變身而成

赤煉瓦圖書館再次成爲焦點，是因爲二〇一二年春季檔的TBS日劇《再一次求婚》在此拍攝。劇中女主角和久井映見在圖書館工作，地點就是設定於此。北區立中央圖書館的赤煉瓦倉庫，原本是座建於一九一九年的兵工廠。戰後由美軍接收，成爲美軍戰車的整備工廠，之後歸還給日本，在一九五八年交由自衛隊所用。原先這裡一整片全是倉庫群，拆掉後只保留下來現存的這一棟，而在自衛隊搬遷後，於二〇〇八年隨著新館落成才成爲圖書館。

圖書館的旁邊是一片大公園，從公園中央望向圖書館，看見綠色的草坪上托載著盈滿古典歐風的紅磚樓房，有一股視覺的對比感。自然與建築融合的完美性，令人印象深刻。

赤煉瓦倉庫與新建築相接，內部可直通後方新穎俐落的主建築。赤煉瓦倉庫

充滿古典歐式風格的紅磚樓房，
在綠色草坪襯托下更顯風采。

（由左至右）秉持「讓所有人親近閱讀」的理念，館方特地採購丹麥設計師人體工學設計椅，讓每個使用者都能舒服地閱讀；簡約空間搭配微透隔板，貼心的注意到使用者的隱私；與赤煉瓦倉庫相連的圖書館新建築入口。

除了用作一部份的藏書區和閱覽區之外，還設有咖啡館。而在咖啡館旁另外設有一區休憩處，在這裡不需要點餐也能入座，甚至攜帶外食也沒問題。

踏進圖書館，首先注意到的是明亮十分的室內，幾乎隨處都能見到戶外的天空。圖書館內部善用引進自然天光的設計，讓人一點也沒有察覺，其實震災後爲了省電，許多的電燈都沒有開啓。

負責圖書館設計案的株式會社佐藤綜合計畫，曾憑此地的建案榮獲二〇〇九年的日本Good Design Award大賞。將外在環境的光源導入室內，在沈重的書架之間，營造出明亮的閱讀環境，是建築公司一開始就有的想法。因此在閱覽區之外，館內還利用各種轉角，設置出中庭、天台、天井和大面窗戶，使得整個空間更具穿透感。

●對坐音譯室

身障朋友也能快樂閱讀

除了建築設計以外，圖書館本身也基於「讓所有人親近閱讀」而打造出許多貼心的設施。例如，在網路和電腦的使用區，同時提供自行攜帶電腦的用戶接續上網。公眾閱覽區外，還設置了明亮寬敞的研究個室，只要事先申請就能使用。

最令人感動的是，館內有許多照顧到身障朋友的規劃。像是書庫、室內通道和書架之間的距離，均考量到輪椅的進出。研究個室可以讓輪椅直接推進去，升降式桌子也能調整高度。而閱讀靠的是雙眼，但視障者難道就因此失去了閱讀的權利嗎？所幸赤煉瓦圖書館裡設有「對坐音譯室」和「支援室」，可利用此處爲視障朋友朗讀書籍。又或者，視障者可利用高科技設備，將特製的書籍放入機器內，就能自動播放出內文的朗讀。在台灣或許市立圖書館以上的等級還未必能做到的設施，東京的區立圖書館已經能夠辦到。

圖書館係長大橋信夫表示：「區立圖書館在整個日本的公立圖書館體制中，雖然是最基層的，不過由於是設置在區內住宅區裡，反而是最親近民眾，民眾最容易走進的圖書館。正因爲如此，我們肩負著培育民眾，從小養成閱讀習慣的責任也更顯重要。」

在這裡工作的管理係主事小澤猛則說：「以東京都內的區立圖書館來說，這裡應該算是規模第二大的圖書館。除了滿足一般民眾閱覽的需求以外，更考量到很多細節，在軟硬體方面照顧到各種族群，可算是我們自豪之處。例如椅子。圖書館有舒適的椅子，大家才可能久坐。不少椅子是我們向丹麥訂購的，即堅固又符合人體工學的設計。最喜歡的是圖書館中央的戶外圖書庭園，充滿開放感的空間，特別在這個季節，每到黃昏天色漸暗時，坐在這裡看書可以遠眺赤煉瓦磚房打上溫暖的燈光，特別有氣氛。未來希望屋上庭園也能有效利用，種植些美麗的花卉。」

值得一提的是，赤煉瓦圖書館採用了日立製造的「無線IC晶片」作爲藏書管理設備。這裡是第一座引進此項設施的公立圖書館。只要拿著一根長棒子大小的通訊器，不必打開書本，晃過去就

赤煉瓦圖書館內部入口處。

明亮挑高的空間，
搭配面向大窗的寬敞閱讀空間，
在此遠眺赤煉瓦磚房的溫暖燈光
特別有氣氛。

能掃瞄書籍資料。這對於員工點書的效率大有進展。在書架上用通訊器一晃而過，三秒鐘就能點完五十本書，一小時可上看一萬四千冊。

● 兒童圖書館

說話的房間，專為孩子說故事讀

圖書館二樓有一區佔地不小的兒童圖書館，是針對學齡前孩童或中小學兒童而設計的閱讀空間。從繪本到童書，還有一間專門爲孩童說故事的「說話房間」（おはなしのへや），會有居民擔任的圖書館志工，在此定期替不同年齡的孩子朗讀故事。考量到正在育兒的母親，設有育嬰情報室，不只可與他人交換育嬰心得，還能利用附設的哺乳室或沖泡牛奶的熱水器等設備。

大西よし子是住在此地的區民，圖書館的利用者，同時也在這裡擔任志工。她對我說：「從出生到現在，我沒有離開過這一區，甚至連這座圖書館也是看著它從興建、落成到開館。我的身份因此從單純的區民變成借書的利用者，然後又成爲每天到此報到的志工。我在這裡擔任『兒童部』的志工，已經有十年。主要的工作是針對不同年紀的孩子，爲他們朗讀合宜的繪本與童書。例如不到二歲的小寶寶，我們會挑以狀聲詞爲主的簡單繪本朗讀，培養他們對日文的音律感；三到四歲的小孩則以簡單的繪本爲主；五歲以上的孩子就挑故事性濃烈的童書。每當我情緒低落時，爲這些孩子朗讀，彷彿就能得到療癒，神奇地重獲力量。一開始我和大家一樣，先被赤煉瓦圖書館的美麗外觀給吸引，但真正踏進來以後就會發現不只硬體，還匯聚了更多看不見的內在，迷人的事物。」

走進附設的咖啡館吃個午餐。咖啡館裡坐了幾桌，一看便知是附近居民的老太太們。桌上放了幾本書的她們邊吃邊聊，心情相當愉悅。

想起接受訪談的圖書館員工曾說，「利用者是主角、永遠易於親近、區民活動據點」就是赤煉瓦圖書館一直在努力實踐的目標。看見她們的笑顏，聽見她們爽朗的笑聲，我彷彿已經得以體會。

（上）位於二樓的兒童圖書館，是針對學齡前孩童或中小學兒童貼心打造的閱讀空間。（下）赤煉瓦圖書館的公共座椅區域就是鄰里間悠閒放鬆的最佳場域。

由隈研吾操刀的場館，橢圓形的大屋簷建材，採用北海道、東北、九州和沖繩的木材，融合日本列島的風土。

12

新宿
新國立競技場
（東京奧運主場館）

しんこくりつきょうぎじょう

－命運多舛的奧運遺產－

ACCESS

住 東京都新宿區霞ヶ丘町10-1
網 kokuritu-tours.jp

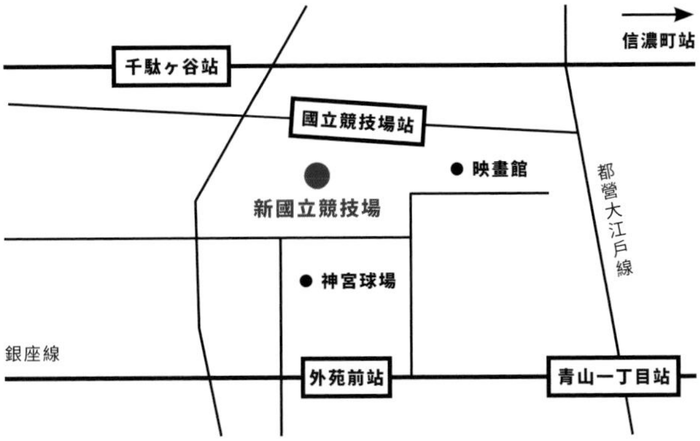

前往方式

● 千駄ヶ谷站 --JR--> 步行5分鐘

● 國立競技場站 --大江戶線--> 步行1分鐘

一場翻弄世界的疫情、史上第一次延期的奧運
從札哈·哈蒂換手爲隈研吾！還未開張，就創造一連串歷史的場館

當決定翻盤廢棄札哈·哈蒂的設計，並改用隈研吾的建案時，已注定新國立競技場不會是一個光彩奪目的地標式建築。樸實的場館外觀，登不上什麼全球必去的吸睛景點清單，但走進場內了解許多建築的細節以後，就會明白這種低調且婉轉的風格，確實還是比較適合日本人性格的。

SPOT 1

新國立競技場

無所不在的隈研吾操刀設計

辦完二〇二〇（+1）年的東京奧運會以後，作爲主場館的新國立競技場大部分的時間都很空閒。畢竟一個場地要一次能吸引坐滿六萬多人的活動，無論是運動賽事或演唱會，到底都不是太簡單。更何況因爲疫情的關係，有好一段時間都避免大型群聚的活動，所以辦完奧運後，新國立競技場對東京人來說，存在感其實很薄弱。

最常見到的大概就是慢跑的民眾了。競技場屋簷下是個慢跑的好地方，無畏風雨，還能遮蔽烈日，繞著跑一圈恰好一公里。除此之外，在沒有運動賽程的平日，開放主場館讓一般民眾買票入場參觀，對新國立競技場來說，是門不無小補的好生意。尤其對國外觀光客來說，若沒機會在場內觀看賽事或演唱會，買張票進去逛逛奧運主場館，親身體驗當年新冠疫情下的「事件」現場，應

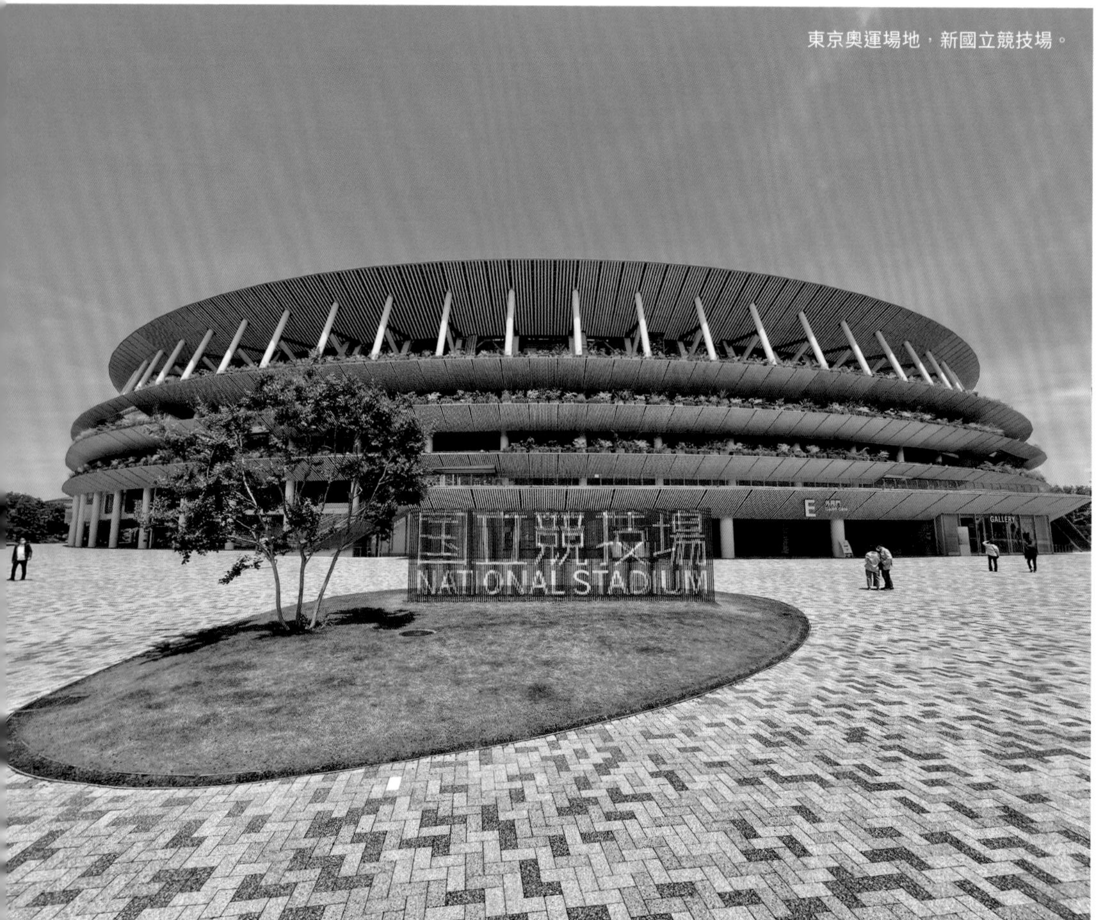

東京奧運場地，新國立競技場。

該是還不錯的旅遊景點行程。

在新國立競技場的「體育場見習行程」官網上（kokuritu-tours.jp）可線上購買入場參觀的門票。因爲不是每一天都有開放參觀，所以務必先上網預約，提早選擇有開放的日期。目前是可預約購買當月份及下個月份的門票。雖然沒有門票也能在開放式的區域走走，但看不到場內狀況。建議仍買張門票到室內，站在觀眾席之間俯瞰整個場館，並踏在跑道上仰望天井，身歷其境碩大場地的遼闊，感受很不錯。

（上）踏在跑道上仰望天井，身歷其境碩大場地的遼闊。
（下）二〇二〇年東京奧運場內聖火臺。

由隈研吾操刀的場館，橢圓形的大屋簷建材，從北側到南側，依序是採用北海道、東北、九州和沖繩的木材，暗示著融合了日本列島的風土。至於觀眾席的座椅也在顏色上頗有巧思，從靠近天空的白色，越往草坪和跑道方向，濃色調越多，漸漸變成黃綠、灰、深綠和咖啡色。我覺得最神奇的是建築的通風設計。場內沒有冷氣設備，但半開放式的鏤空建築，引導自然風流進來的結構，讓人坐在觀眾席時卻能感覺十分涼爽。

轉眼間東京奧運已成往事，但經歷過這場歷史的我，對於這座體育場所收納的種種事件仍記憶猶新。一場翻弄世界的疫情、史上第一次的奧運延期、東奧LOGO的剽竊案、幕後的利益鬥爭及政治角力、森喜朗的性別歧視與下台……當然還有場館本身的多舛命運——原本決定札哈．哈蒂團隊獲選設計，途中大翻盤，最後由隈研吾接手。好不容易蓋好了，卻因爲疫情蔓延，成爲無觀眾入場觀看的開閉幕式。

即使一波三折，事過境遷後，再踏進新國立競技場感慨良多。今後，光是每年維護費就高達二十四億日圓的這座「奧運遺產」，想靠辦活動而打平開銷，現實上已知不可能。奧運遺產負債成爲日本納稅人的負擔，奧運辦完了，歹戲繼續拖棚。

重返東京時刻別忘了，用你的門票來安慰它一下。

2018年閉館一年後，史努比博物館選在東京都町田市的南町田Grand Berry Park重啟爐灶。

13

町田市南町田
史努比博物館

スヌーピーミュージアム

－惹人疼愛的存在－

ACCESS

住 東京都町田市鶴間3丁目1-1
營 10:00-18:00
網 snoopymuseum.tokyo

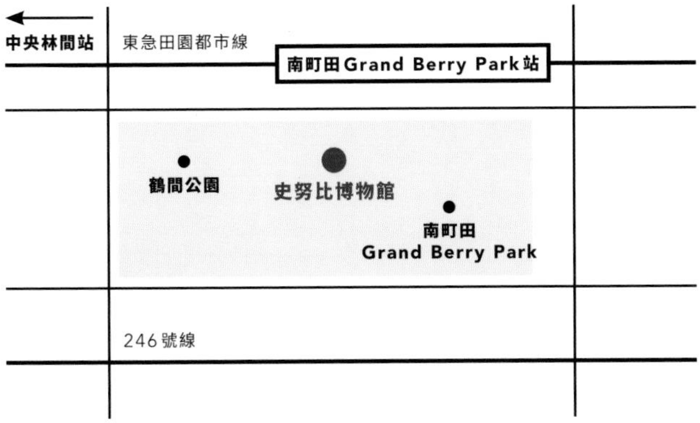

前往方式

● 澀谷站 ----- 東急田園都市線 急行約35分 ----- 南町田Grand Berry Park站
▶ 步行1分鐘

日本人對史努比
可眞是情有獨鍾的偏愛！

出道題目吧：「十幾年前從原宿出站表參道口一出來，對面會看見的是什麼呢？」如果能正確回答出來，就代表你是經得起考驗的資深東京達人！

正確答案是一棟有著紅屋瓦造型的「Snoopy Town」史努比專賣店。那時候來東京玩，逛原宿的起點，我總是從當年的這座地標開始。

SPOT 1

史努比博物館

無法抵擋的可愛

已經完全想不起來，究竟是從什麼時候開始，我跟史努比就結下了不解之緣。記憶中小時候用的筆記本，自己買的或是大人送的，就已經有著史努比的圖案。漫畫也是看過的，但老實說史努比漫畫內容並不是小孩子會愛的，而且有許多美式幽默也並非台灣人能懂。不過那並不有損於我對史努比和《花生家族》成員的熱愛。光是看著他們排排站，看史努比跳來動去的耍寶，動用各種小聰明，就覺得非常可愛。長大後還是喜歡史努比，雖然稱不上瘋狂粉絲，但家裡隨處還是能找到相關的玩偶和紀念品。

二〇一六年六本木開了一間期間限定的東京史努比博物館，是美國加州本館公認的，海外首間史努比博物館。在爲期約兩年半的營業中，吸引了超過一百三十萬人到場。其中當然也包括了

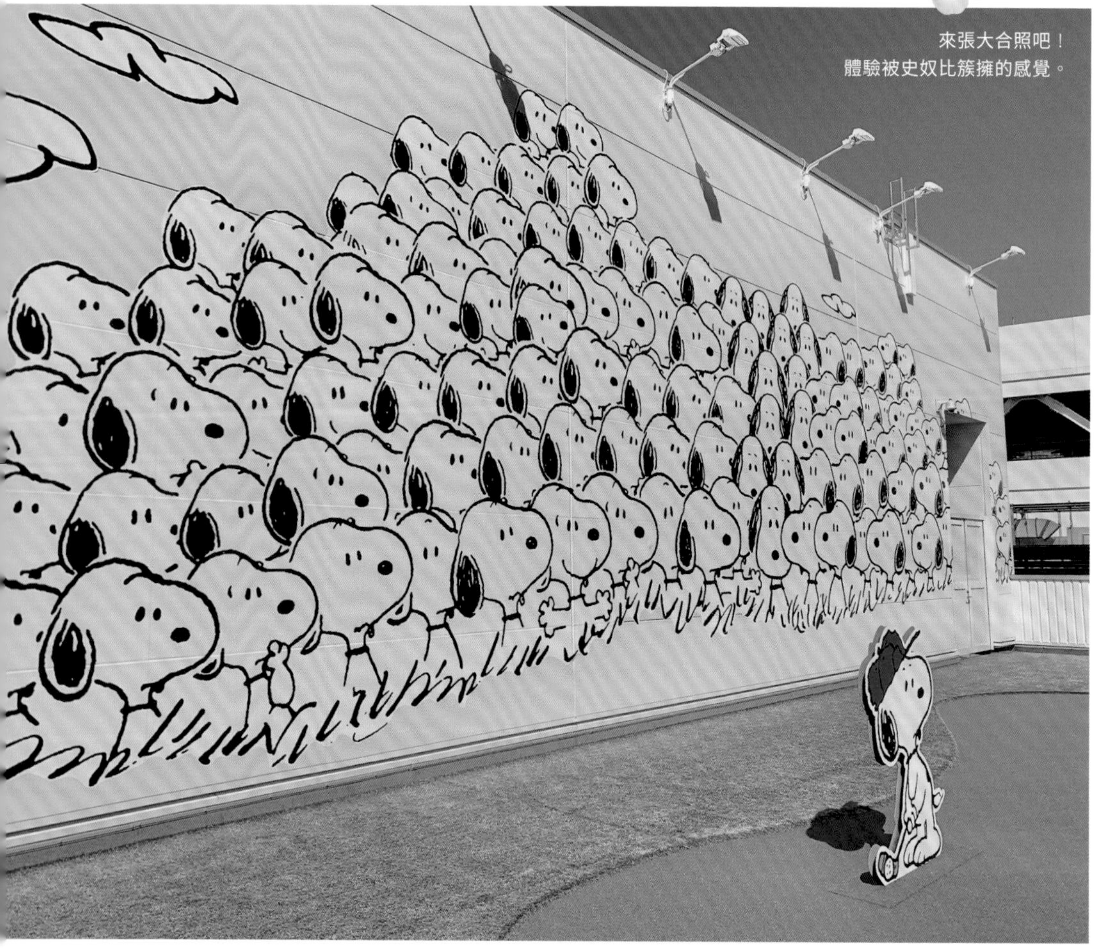

來張大合照吧！
體驗被史奴比簇擁的感覺。

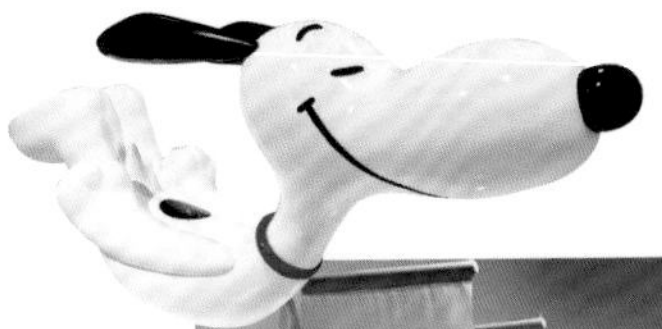

「史努比之屋」設置許多巨型的史努比塑像。

展場收藏了作者查爾斯·舒茲（Charles Monroe Schulz）創作歷程與手稿。

我，和從台灣遠道而來專程去參觀的家人。我想起我媽在逛博物館時突然告白，告訴我，其實她不喜歡史努比，令我和同行的兩位外甥女都很意外。但，更詫異的是後來。當我們逛完博物館走進紀念品店時，最後這位說不愛史努比的女士，東西卻是買得比誰都多！問她爲什麼會走向這番結局？我媽尷尬地說：「因爲看到這些商品都好可愛！」

二〇一八年閉館一年後，史努比博物館選在東京都町田市的南町田Grand Berry Park重啓爐灶，這一回是常設的博物館。

四層樓的建築，展場空間比六本木時期增寬了約兩倍，收藏了更多作者查爾斯·舒茲（Charles Monroe Schulz）從一九五〇年起開始繪製的親筆手稿，同時對《花生家族》漫畫的歷程、各個人物的分析也更完整。

最令史努比迷興奮的，莫過於踏進「史努比之屋」了。在這個展間裡，設置許多巨型的史努比塑像，栩栩如生的表情和動作，實在惹人疼愛。躺在地上，全長八公尺，簡直像個臥佛似的史努比當然最爲吸睛。羨慕如此慵懶，無憂無慮的史努比，有好的主人來照顧，長得可愛就會有人愛。

話說日本人對史努比可眞是情有獨鍾的偏愛。走一趟東京車站丸之內的KITTE郵局，那裡有著最齊全的，日本郵政與各種卡通人物跨界合作的商品。幾乎全是日本知名的動漫人物，其中卻偏偏出現美國來的史努比，但也毫無違和感。花生家族那一群人物，肯定是最被日本人當作是自家人的典範。朋友的小孩甚至曾經一直以爲，史努比是日本漫畫。

我這輩子無意間最靠近史努比的回憶，是一九九六年夏天，還是大學生的我去美國加州遊學。當時的學校和寄宿家庭在Santa Rosa，我去以前對這地方一無所悉。住在那兒以後，才赫然發現這座城市就是查爾斯·舒茲的故鄉。當年他還健在，鎮上已經有一座文物館，展示史努比漫畫相關物品，而在他過世後才增建成現在的史努比博物館。我完全不是刻意拜訪的，卻那麼巧的相遇，還在花生家族的故鄉住了半個夏天，總覺得就是緣分。

逛著東京史努比博物館時，遙想著當年的加州陽光。可惜實在太久遠，仔細一想都是上個世紀的事情了。在我老去前，我想我會再去一趟，探望永遠可愛的史努比。

3

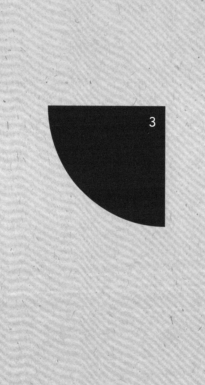

3

半日多一點

比半日多一點，腳步跨遠一些，
視野的變化也多一點。

1 鎌倉，湘南海岸人情味
2 東京綠洲高尾山
3 小江戶川越
4 橫濱浪漫港邊風情
5 藤子・F・不二雄博物館
6 大宮鐵道博物館

沿著寧靜的湘南海岸行駛而過的江之電列車，
已成為鎌倉當地最美的生活風景。

1

鎌倉
湘南海岸人情味

かまくら・しょうなんかいがん

－江之電途中下車的推薦小店－

ACCESS

江之島電鐵路線

- 藤澤站
- 柳小路站
- 鵠沼站
- 湘南海岸公園站
- 江之島站
- 腰越駅
- 鎌倉高校前站
- 七里浜站
- 稲村崎站
- 極楽寺站
- 長谷站
- 由比濱站
- 和田塚站
- 鎌倉站

前往方式

- 東京站 ---JR橫須賀線--- 鎌倉站 ▶ 所需時間：60分鐘
- 新宿站 ---JR湘南新宿線--- 鎌倉站 ▶ 所需時間：60分鐘
- 新宿站 ---小田急電鐵--- 藤澤站 ▶ 所需時間：90分鐘

搭上江之電電鐵，沿途下車，在夏天湘南海岸的熱情陽光下，探訪秘境般的店家。

從西元一九〇二年就開始行駛的江之電電鐵，迄今已超過了百年。古都鎌倉當然是充滿了魅力，湘南海岸也固然靜美，但若少了沿海岸線滑行而過的江之電，這一帶必將遜色不少。

鎌倉、湘南海岸、江之電。你非得下了車親自走過，才能發現暗藏在秘境裡如寶藏般的店家。放慢腳步，閱讀遠方的藍天和大海。靜聽潮聲，乾掉一杯冰啤酒。致夏天。

i 江之電一日乘車券

抵達鎌倉後，可以購買江之電鐵一日乘車券，建議從江之島站下車開始玩起，一日內沿線車站可無限次上下車。一日券可在沿線各站的自動售票機或手機app購買，大人約八〇〇日圓、孩童約四〇〇日圓。

官方網站：www.enoden.co.jp

SPOT 1 江之島站

和菓子扇屋

咀嚼老舖的人情

江之電電鐵從「腰越」站駛近「江之島」（江ノ島）站以前，會轉過一個S型軌道的大彎。和菓子「扇屋」就在一側。扇屋早在天保年間（一八三〇——一八四三年）就在湘南創業，即將上探兩百年。店鋪幾經搬遷，最後在昭和九年（一九三四年）落腳到現在的位置。

祖傳店家如今由店主身兼師傅的杉並久雄，領著其妻子杉並芳子掌舵，如今兒子和兒媳婦也共同參與和菓子的製作。杉並芳子說：「工作幾乎無公休。日子過得又快又忙，但是我很幸福。」

店裡販售各式和菓子，除招牌甜點外，隨著季節迴異也會推出期間限定產品。最受到歡迎的伴手禮是造型可愛的「江之電最中」。將包裝打造成江之電的外觀，酥脆外皮內包裹著芝麻、柚子、紅豆等共五種口味。

扇屋所在地的江之島車站，至今仍維持著老式的風貌。

住 神奈川縣藤沢市片瀨海岸1-6-7
營 09:00-17:00

最初是因爲兒子喜歡江之電，杉並老師傅和試圖和江之電電鐵的社長商議，在一九九〇年引進一輛退役的江之電車輛，將車頭鑲入店門口。沒想到因此受到大家愛戴，成爲沿線的地標之一，讓老舖自此不乏年輕遊客的注目。

因爲採訪工作而到訪的這天早上，才剛開店。一進門，老闆娘杉並芳子就熱情地送上一盒「最中」。人氣商品「江之電最中」已被神奈川政府指定爲土產名菓。

我堅持付錢，她卻揮揮手豪邁地說：「不用啦！沒什麼。今天是我七十六歲的生日！」我在心底湧起暖暖的感動。明明是自己的生日卻堅持送別人禮物，那或許眞是透澈了「施比受更有福」的境界。吃著扇屋的和菓子，咀嚼著老舖的人情味。在老婆婆的談笑中，我還學到了一些人生的道理。

歡迎光臨！

2

1

4

3

1 因兒子喜歡江之電，店主與江之電電鐵的社長商議引進退役列車擺放在店門口，從1990年起至今依然大受歡迎。2 店內展示了許多早期江之電列車的站牌與老照片。3 牆上展示的獎狀和照片，似乎訴說著扇屋悠久的歷史風華。4 復古列車造型紙盒裡，裝有包含芝麻、柚子、紅豆等五種口味在內的江之電最中，多年來一直是扇屋最受歡迎的伴手禮。

▲ 外包裝印有江之電路線圖！

SPOT 2

江之島站、片瀨江之島站

● DIEGO BY THE RIVER

暢飲湘南海岸的青春

和菓子「扇屋」所在地是江之島電鐵的江之島站，其不遠處有個相似名稱的片瀨江之島站，則是來自於小田急線江之島線。無論是從哪一站下車，都該跨過大橋，到對岸的江之島走一趟。

登上山頂的江之島神社，沿途景色隨時節各有特色，可鳥瞰海港，更是欣賞夕陽的絕佳景點。江之島上總臥躺著許多慵懶的貓咪，可說是活出了自我。懶得理人也無懼相機，隨你拍到飽。

逛完江之島，回到片瀨江之島站和江之島站之間，若逢午餐時刻，不如挑間美味餐廳吧。夏天到湘南海岸吃飯，就該選青春洋溢、休閒洋派一點的地方才對。有一間名為「DIEGO BY THE RIVER」的餐廳是我的不二之選。

位於山頂上的江之島神社，也是遊客必定前往參拜之處。

（右）江之島神社一旁的貓咪也慵懶地倒臥在路旁做日光浴。（左）在江之島神社週邊隨處可見新舊交融的有趣在地生活面貌。

「DIEGO BY THE RIVER」位於河岸邊，建築的外觀設計很吸引人。木造感的兩層樓房，一樓是開放式的進出空間，二樓除了室內用餐區外，還有一區是戶外陽台。幾張陽傘桌椅，直接感受到夏日湘南的熱情陽光，也可瞭望河岸與燦燦青空。踏進餐廳，一樓的客席並不多，但因為推開落地的大門，故與戶外的街道和河川形成了一氣呵成的穿透感。來到二樓，驚訝室內空間比想像中

住 神奈川縣藤沢市片瀬海岸1-13-8
營 午餐11:00-14:30（六、日及例假日爲10:00-14:30）
晚餐16:00-20:30／週二、每月第二個週三休

特別聘請「heads」設計公司的山本宇一和形見一郎操刀打造完美空間。

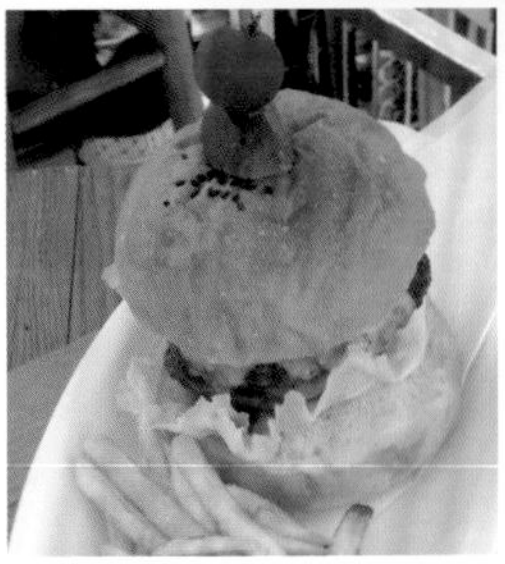

（上）可以遠眺湘南海岸的戶外陽台也吸引了不少年輕客人前來用餐。（右）淋上濃郁醬汁特別下飯的招牌午間套餐烤雞排。（左）大口咬下份量十足的招牌午間套餐美式漢堡，搭配薯條更是滿滿的飽足感。

來得更大。

這可愛的空間背後的設計師來頭不小。原來是聘請了有設計黃金組合之稱的山本宇一、形見一郎兩人擔綱。他們所屬的「heads」公司同時也擔任東京站前「新丸大樓」餐飲區的多家室內設計，也都是令我驚艷且鍾愛的飲食空間。

美式和義式風格交融的飲食菜單，各類型飲料和酒類，對於期望的洋派悠閒風格，完全命中紅心。在午間套餐中，主菜的選擇推薦美式漢堡、烤雞排和酪梨培根義大利麵。風格迥異的口味與類型，每一項都好像抱著必勝的決心，進攻客人的唇舌，博取認同。此時此刻，怎能不來一杯冰啤酒或者冰可樂呢？別多說了，吃吧喝吧！

日本的夏天，青春的回味，就從湘南海岸這一餐，正式開始。

招牌午間套餐
酪梨培根義大利麵！

SPOT 3 腰越站

古民家咖啡館SLAMs Burger

日間咖啡夜間酒吧，湘南海岸重點場景

百年老宅改建，和洋融合的新型態餐飲空間。這是一幢已逾百年高齡的古民家，在不破壞原有的架構下，重新改裝成古樸的餐飲空間「SLAMs Burger」。白晝時是懷舊感四溢的咖啡館，到了夜晚，搖身一變成爲小酒吧。喜歡以這樣的方式被保存下來的老建築，讓人感覺原本可能會被淘汰在時間洪流裡的老建物，像是再生似的，與時俱進，和充滿新想法的年輕人站在了同一陣線。店內空間的採光，在木造窗櫺和隔間中，爲室內展現出穿透的層次感。店內擺設的收集品，全是老闆的收藏，細膩的裝飾在各個角落，都吸引目光駐留。

玄關處的音響上方，擺放著《灌籃高手》（SLAMDUNK）漫畫，才想起店名之意。因爲不遠處的「鎌倉高校前站」就

百年高齡的古民家，改裝成古樸的餐飲空間「SLAMs Burger」。

住 神奈川縣鎌倉市腰越2-5-8
營 12:00-23:00
網 www.tabisurucafe.com/slams-burger-house

是漫畫出現的故事舞台，而在路口的平交道柵欄，早已成爲旅人朝聖湘南海岸時的重要打卡場景。

SLAMs Burger House出現在青春熱情的湘南海岸，吃的是用日本漆器承裝的和牛漢堡，還用和食風味十足的八丁味噌作爲醬料，本身就是和洋交融的個性表現。店內的和風漢堡主要分成兩款，一款是尺寸大的普通沾漢堡，另一款是分成兩個小尺寸的迷你沾漢堡。二樓經營著背包客旅店，有一間三人房和一間上下層的大通舖房，因爲距離車站近，每到夏天，湘南海岸的旺季，總吸引絡繹不絕的海內外旅人。住宿的飲食，就在一樓用餐，相當方便。

（上、右）白天是懷舊咖啡館，到了夜晚變成小酒吧。（中）和洋交融，用日本漆器承裝的和牛漢堡。（左）鎌倉高校前站」就是《灌籃高手》的故事舞台。

SPOT 4

鎌倉高校前站、腰越站

● 鎌倉高校前站・腰越漁港

最愛的江之電散步路段

SLAMs Burger House距離最近的車站是江之電電鐵的「腰越站」，走到前一站的「鎌倉高校前站」，或是下一站的「江之島站」、單軌電車「湘南江之島站」，大約只要各十分鐘左右。這一段路，是湘南海岸線上，我最喜歡的散步道。

沿途現身的蔬果魚貨屋、雜貨店，或像是會出現在宮部美幸小說裡的老照相館，一間間在這裡看似日常不過的小商家，都悠緩記錄著城市人一不小心便會失去的從容表情。

從SLAMs Burger House前的馬路朝著海岸線的方向移動，一直走下去，大約五分鐘左右，可抵達「腰越漁港」。夏天時，港邊會有海鮮攤位的營業，喜歡吃海產的朋友，不妨前來探看。

湘南海岸的江之電電鐵沿線，在任何一站途中下車，隨意慢行，彷彿永遠都能有新鮮的收穫。燦亮的陽光，躍動的潮浪，當然都是必備的風景，而鑽竄在細路之間，偶爾發現不知何時又冒出來的個性小店家，更是意外的驚喜。去幾次都不膩，正是湘南海岸的迷人之處。

（上）從「鎌倉高校」站到「腰越站」是我最喜歡的散步路線。（右）鎌倉高校站。（左）腰越漁港。

SPOT 5

稻村崎站

R antiques

古道具雜貨店，斑駁卻充滿著自信

江之電線路中，有三站之間的海岸線很是出名：從「鎌倉高校前」站到「七里濱」站，再到「稻村崎」站。這段海岸線因爲漫畫和日劇拍攝地而聞名，從坂坡上的視線穿過去，得以同時瞥見電車看見海。

日正當中，沿著鐵道邊閒晃，太陽底下總有學生們青春的身影。湘南海岸似有一抹永不模糊的青春，因爲那些熱血的故事從未劇終，只是換人來說。

有些人你非得愛過了，才知道其眞實的模樣；就像有些地方你非得親自走過了，才能發現暗藏在秘境裡如寶藏般的店家。「R」就是一間這樣的店。雖然店家就在「江之電」電鐵必然會經過的沿線上，但要是你不下車，不刻意從車站順著鐵道散步到海灘的話，那麼恐怕一輩子都將與它錯身而過。

一路沿著海岸線前行，坂坡上的視線得以同時瞥見電車看見海，也是漫畫和日劇熱門取景地點。

R的2號店就在1號店不遠處，主要販售古董的鐵製品。

藏在一片茂密綠葉之中的「R」緊鄰在鐵道旁的高台上，低調至極的只在入口石階旁掛了一塊白色小招牌。怎麼走到入口呢？環顧四週，全無通道。別懷疑，你得在沒有電車通過之際，跨過鐵道才能登堂入室。

「R」以販售二手家具、小物的古道具和骨董品爲主。店主吉川淳也起初只是借了一個簡單的倉庫來實踐理想，到後來租下這幢明治時代建築的古民宅，一晃眼就過了十四年。他認爲在這個充滿量產的消費社會裡，許多事物都失去了個性。然而，透過珍惜古老的物品，在傳承的使用中，賦予全新的生命之際，肯定對自己的生活方式也會有新的見解。

湘南的陽光從窗櫺滑進老宅，落在那些古道具上，閃爍出各種歷史的表情。即使斑駁了，卻都充滿著自信。站在其中的我忽然覺得安心。原來老去是可以那麼驕傲的。因爲歲月的經過，總會留下一些被人珍愛的寶藏。

店主吉川淳也

R antiques

住 神奈川縣鎌倉市稲村ヶ崎3-7-14
營 12:00-17:00 ／週一、二休

R NO.2 antiques

住 神奈川縣鎌倉市稲村ヶ崎2-4-21
營 12:00-17:00 ／週一、二休

1 藏身於列車軌道樹叢裡的店面，想要進入店內得等到列車駛離才能把握時間穿越鐵軌。2 湘南的陽光從窗櫺灑進老建築中，落在古道具上更是美感獨具。3 斑駁的桌面與暗紅的湯碗，有種古樸的優雅。4 二手傢俱和生活器具陳設於老建築中，彷彿回到舊日時光。5 看著每樣別緻的商品，不難想像店主選品時的用心。

SPOT 6

由比濱站——長谷站

● Daisy's Café

看海望天的特等席

從「由比濱」站到「長谷」站之間，有一片「由比濱」海岸海水浴場。你對《海灘男孩》有印象的話，夏天走一趟這裡，便能輕鬆喚回。許多巷子裡都能見到衝浪的看板，沿著走下去，浪潮之聲就在呼喚你。路邊攤常能見到販賣各式海灘鞋，還有做成魚的形狀的，彷彿更能親近海洋。至於到了「長谷」自然不能錯過高德院之鎌倉大佛。鎌倉大佛坐鎮湘南，默默的看盡人間的潮起潮落。

從江之電的「長谷」站往海邊走，沿路有很多個性小店。美式風格的木造小屋，讓人誤以爲離開了日本，來到夏威夷海邊。類型從藝品店、海灘衝浪用品甚至是藝廊都有，當然也少不了餐廳與個性咖啡館。

（上）由比濱海水浴場每到夏天總是吸引大批國內外遊客。（右）夕陽灑在日落時分的湘南海岸上，顯得十分絢麗閃爍。（左）長久以來坐鎮湘南地區的高德院鎌倉大佛。

住 神奈川縣鎌倉市長谷2-8-11
營 8:00-22:00／不定休

（右）客人少的時候，可以靜靜地坐在窗邊座位一人獨享湘南海景。（左）距離由比海水浴場不遠處，空間裝潢如同美式海灘風格的Daisy's Café。（下）座落於海岸邊的店舖外觀，斑駁鐵皮牆面卻又別有一番衝突美感。

距離「由比濱」海岸海水浴場不遠處，有一間可愛的Daisy's Café咖啡館。Daisy's Café像是日劇裡的一景，一間會出現在湘南海岸邊，流轉出許多故事的個性咖啡館。

白色的木質建築雖然有些斑駁，但盈滿著夏威夷風的美式風格，走進店裡的客人多半帶著十分悠閒的步調，歐美人不在少數。平日的下午，多半是當地的熟客，到了週末則是特地前來戲水衝浪的觀光客。有結伴的朋友自在地用餐聊天；也有隻身來店，帶著電腦默默敲打，啜飲香醇咖啡。又或者幸運的話，一個人可以擁有一片窗邊的座位。書讀累了抬起頭，改成閱讀遠方的藍天和大海。這是湘南海岸的特等席。

Daisy's Café下午是咖啡館，晚上變身爲酒吧。偶爾還會在週末夜裡，舉辦當地獨立歌手的小型演唱會，店裡也寄賣著歌手的CD。喜歡海邊的老闆在十多年前就開了這間店，最近還在沖繩和夏威夷也開了分店。「下次去沖繩的分店玩喔！」店員松本海帆熱情地邀約。是注定的嗎？連名字都像湘南海岸的夏天。

下次去也要去沖繩的分店玩喔！

住 神奈川縣鎌倉市由比ガ浜1-9-4
營 11:00-18:00／週一及每月雙數週五休

（左）位於和田塚站一帶，深受當地居民歡迎的生活雜貨精選店Dahlia。（右）店內販售各種工藝職人手工製作的生活雜貨，當地居民也時常來挖寶。

SPOT 7

和田塚站

● 生活雜貨 Dahlia

因為嚮往鎌倉而成為鎌倉人

從江之電的「由比濱」往「和田塚」站的方向前行，在靠近和田塚之處，有一個名爲六地藏的區域。二〇〇五年十一月在這裡誕生了一間小小的雜貨精選店「Dahlia」，很受到在地居民歡迎。許多附近的居民三不五時就會繞進來看看，是否今天又進了什麼新鮮玩意兒。最近發現法國觀光客，有增加的趨勢。

店主青木里惠子說，其實當初她根本沒想到要做這件事。在開店以前，她在東京上班，做的是關於店鋪設計和品牌包裝的工作。只不過是在開店前一年，逛到了一間非常喜歡的生活雜貨店，覺得自己也想擁有一間，於是就決定辭職，一年後開了這間小店。

橫濱出身的她，因爲喜歡鎌倉，以前從常常騎著腳踏車，從橫濱沿著湘南海岸一路騎到鎌倉。最後，乾脆就搬到了鎌倉變成鎌倉人。清木里惠子談起經營個人店鋪時，滿足地告訴我：「沒有辛酸也從未後悔。因爲我做著我喜歡的事。」

Dahlia精選的生活雜貨不限於特定的某個國家。從歐洲到非洲都有，當然也包括了日本鎌倉或其他地方的工藝職人之作品。包含以陶器、木頭或木棉爲主的各類型製品。喜歡旅行的青木里惠子經常在各地遊走，發掘這些值得進駐店裡介紹給鎌倉人的物品。喜歡雜貨的客人在此有了新發現，而設計職人因爲作品被珍重對待了，也感到十分安慰。

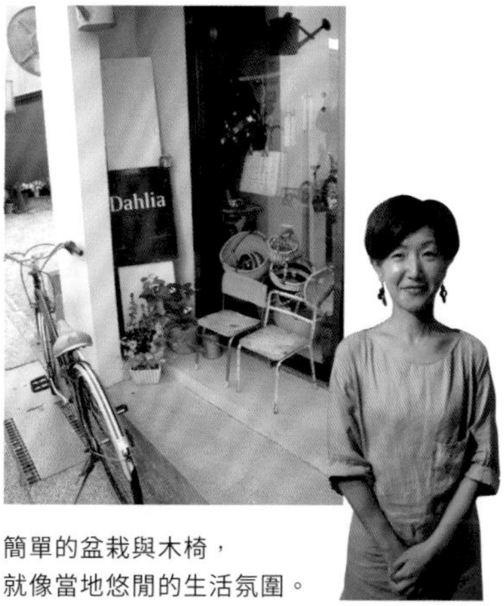

店主青木里惠子

簡單的盆栽與木椅，
就像當地悠閒的生活氛圍。

2

東京綠洲
高尾山

たかおさん

－東京都心的世外桃源－

藥王院入口處石碑。

ACCESS

所需時間

約60分鐘（至高尾山口）

前往方式

新宿站 --京王線-- 高尾山口站 --登山纜車-- 高尾山站

用傾斜的31度的角度，
眺望群山的模樣。
經過沿路的店舖，
買一串烤丸子，
喝著驅寒的甘酒和鹹湯。

幾年前，高尾山對觀光客來說還只是個默默無名的地方，直到法國米其林日本旅遊書，突然將高尾山列為最高的三星級觀光景點後，這裡就突然麻雀變鳳凰，開始湧進了大量的觀光客。

高尾山位於東京都八王子市，標高五九九公尺，地屬於關東山地的東南，距離都心只有五十公里，從新宿出發一小時左右就能抵達，算是東京都內最近的登山景點。由於山勢並不高，四季的自然景致迥異且獨特，沿途也有不少商家，因此是個非常適合全家大小，或者喜歡爬山但又擔心體力的人，前來遊玩的好地方。

SPOT 1

高尾山車站溫泉

隈研吾打造，全新車站與極樂溫泉

京王電鐵的「高尾山口」站原本只是外觀普通的小車站，近年邀請到建築師隈研吾打造出既現代又能與周圍景觀相容的全新車站。隈研吾用上他近年來偏好的木材建築特質，呼應當地的自然生態，凸顯出觀光勝地的大器，但又不流於霸氣，作爲象徵進出高尾山的玄關，可謂是恰如其分的設計。

從月台步行階梯下到車站大廳，就已經能從走道和天花板感受到隈研吾建築的氣氛。車站出入口與屋頂的外觀設計，在燦燦藍天下更顯奪目，頗有熱情相迎的氣勢，激起旅人的玩心。新車站內設置八王子觀光資訊站，意識到外國觀光客的增加，提供不少服務外國旅客的情報。站前廣場比以前更爲寬廣，好讓在此集合會面的旅人們更從容不迫的。

最引人矚目的是在站旁開設了一座天然溫泉「極樂湯」。這幢連結著車站的溫

泉設施，建築設計也是由隈研吾所打造而成。從車站旁的入口走近，穿越過一條狹小的走道，像是遁入秘境的過程，最後在出口豁然開朗，看見這幢瀰漫著濃郁和風的京王高尾山溫泉。

極樂湯內的溫泉池種類和規模，比想像中的更多更大，主要分成強調擁有森林浴效果的「檜湯」、依季節更換不同溫泉種類的「交替湯」、碳酸溫泉的「露天石池碳酸湯」、取自地底約一千公尺湧出的「天然溫泉露天鑿岩湯」、坐湯、冷水浴，以及三溫暖房。

極樂湯不提供住宿，主題是日文中「日歸溫泉」（一日來回）的概念，希望到訪高尾山的旅人，自此可以多一種全新體驗高尾山遊樂的方式。導入高尾山麓天然湧出的溫泉，一邊沈浸在池水中，一邊還可遠眺山林美景。

（右、上）車程只要約半小時的簡易吊車，比起高尾山登山纜車更節省時間。（下）車站溫泉「極樂湯」。

SPOT 2

高尾山口站

日本傾斜度第一的登山旅程

在高尾山被法國人列爲三星級的旅遊勝地前，其實沒什麼東京人在乎過高尾山這個地方。因爲太近了，總覺得有機會再去，再加上其名聲怎麼樣也比不上富士山，因此，當高尾山突然變身成國際級景點時，這改變對東京人來說，可是一大震撼。原來自家後院，有這麼一個被外國人當成寶的地方呀？

高尾山的自然資源相當豐富，有「動植物的寶庫」之美譽。在高尾山境內，可以同時欣賞到溫帶林與亞熱帶林裡的兩種植物，而超過百年的杉木所圍繞而成的杉木林也十分壯觀。

爬高尾山可以很優雅。從「高尾山口站」出發，有登山纜車可以搭乘，不到幾分鐘就能把你帶到半山腰的「高尾山站」，然後從高尾山站出發，展開登山路程。

高尾山登山纜車號稱是日本傾斜度第一的登山纜車，最大斜度有31度。所以搭纜車時有個訣竅，就是纜車裡的椅子是對坐的，上山時記得坐在順著上山的方向。要是逆著坐，傾斜過大時，你會整個人想往前面的人身上滑過去。當然啦，要是對方是你剛交往的對象，記得安排他坐你對面。那麼，這段超傾斜的纜車時光，恐怕就是你的幸福時光了。

號稱全日本傾斜度第一的登山纜車，
最大斜度高達31度的高尾山登山纜車，
適合家族型乘客搭乘。

SPOT 3

高尾山車廂型纜車

滑過東京賞楓最優景點

嗯，還是靜下心來，好好欣賞高尾山的風景吧。纜車的沿途，其實是一段非常美麗的窗外景致。因爲你很少爲會有機會從傾斜的角度，去眺望群山的模樣。隨著四季的不同，從登山纜車的窗子望出的感受，當然也就不同。

在我看來，高尾山絕對是東京賞紅葉最佳景點之一。我第一次在秋天到訪高尾山時，眞的是被漫天蓋地的紅葉給震撼到了。雖然愈往上爬愈冷，但也隨著紅葉愈來愈多而情緒亢奮。

東京的紅葉時節較晚，高尾山大約到十一月到十二月初，都還有可能賞到紅葉。在紅葉的陪伴下，跟朋友邊爬山邊聊天，經過沿路的店舖，買點裏腹的烤丸子，喝著驅寒的甘酒和鹹湯。在東京近郊的小流浪，也是心靈的小放縱。

秋天到高尾山看紅葉有幾個必須注意的事情。首先就是要有心理準備，人潮很多。就算不是週末假日，人也不少。除非你決定不搭纜車，要全程爬山，那當然沒問題（但不建議）。但大多數都是會選擇先搭一段纜車到半山腰，然後再從中段，健行到山頂。而高尾山纜車分兩種，一種是車廂型纜車，另一種是像滑雪場一樣的簡易吊車（LIFT）。

車廂型纜車適合家族搭乘，也是大多人會選擇的，但排隊人潮十分驚人。好不容易先排隊買完票後，還得花上一小時以上的時間排隊搭車。因此，強烈建議搭乘吊車上山。雖然也要排隊，但大概只要三十分左右就可上車。唯一的問題是有懼高症的人，可能要多加考量。

另外買票時請買「來回票」，否則下山時，你又得再排隊買一次票。上山時間建議在早上十點以前，下山時間則是三點半以前。平常纜車到四點半結束營業，不過紅葉時期會延長營運。就算買好了回程票，下山時也得排隊，拿號碼牌等待叫號，才能搭到吊車或纜車。在尖峰時間恐怕要等上五十分鐘。最後是秋天的高尾山大約在四點半就會天黑了，氣溫驟降，若搭吊車下山時特別冷，要注意保暖穿著。

（右）車程只要約半小時的簡易吊車，比起高尾山登山纜車更節省時間。（左）由於東京紅葉時期較其他地區晚，因此在十一月到十二月初仍有機會能在東京觀賞紅葉美景。

藥王院一隅，
在楓紅即將綻放前，
洋溢著繽紛的自然色彩。

SPOT 4

高尾山藥王院

山岳信仰者的靈場

搭乘高尾山登山纜車抵達高尾山站以後，沿著前往「高尾山藥王院」方向的登山步道前進，最後再登上高尾山頂，這條路是參拜高尾山藥王院的表參道，同時也是爬高尾山最一般的路線。在這條路上，隨著季節不同，沿路可以看見各種季節花卉。

從登山纜車高尾山站到藥王院，徒步大約需要二十到三十分左右。藥王院的正式名稱是「高尾山藥王院有喜寺」，遠在西元七四四年的日本奈良時代，就開始在此安置藥師如來佛。從前是作爲山岳信仰者的靈場，如今仍有不少信徒與修行者前來，在高尾山水行道場，進行瀑布洗禮的修行儀式，祈求趨吉避凶。

在抵達高尾山之前的表參道登山路線上，會經過一座高尾山猴園。這座猴園養育了不少日本猿猴，對動物有興趣的，可以來此參觀，園內有專人進行生

住 東京都八王子市高尾町 2177
營 09:00-16:00（境內事務所）
網 www.takaosan.or.jp/

1 參拜人潮絡繹不絕的藥王院正殿。
2 結束參拜行程後，不妨來此點上一盤當地名產天狗蕎麥麵。
3 藥王院境內販售當地名產的店舖。
4 藥王院內部的天狗雕像。
5 相傳大樹的根部在神力之下被截斷後，一夜之間捲曲成了章魚腳的形狀，故有章魚雕像作為象徵。

3

1

5

4

2

態導覽。再往前走，會看見一棵外型非常詭異的大樹，名爲章魚衫。原來是這棵大樹的根部，相傳是在神力之下被截斷以後，一夜之間捲曲成了章魚腳的形狀，故而得名。而在不遠處的「靜心門」就是通向藥王院的大門了。

靜心門之後，分成兩條石坂階梯。比較緩和的是女坂；較爲陡峭的則是男坂。無論走哪一條，終點都會匯聚在同一個點。藥王院是一座佔地不大，但卻獨具風情的寺廟。在寺廟外有餐廳與茶館，可以在此小歇一番。許多人到了藥王院，等於爬高尾山就告一段落了。其實，只要稍微再花點時間與體力，就能抵達高尾山山頂。

秋天上高尾山賞紅葉或櫻花，雖然沿途已經能飽覽不少美景，但眞正有畫龍點睛之妙的，還是藏在高尾山頂，所以，無論如何一定要堅持到最後。

天氣好的時候，可以從高尾山遠眺到富士山。這片美景，已經被日本交通部（國土交通省關東地方整備局）選爲「關東富士山百景」之一。

高尾山遠眺富士山

在高尾山境內擁有可眺望富士山的絕佳視野。動人美景令人久久無法忘懷。

SPOT 5

野澤菜包小店

來自信州的的美味

秋日陽光燦爛卻不炙熱，正午時分在爬山之際，身子是溫暖的。真要熱起來時，徐徐吹拂而來的秋風又帶點涼意，溫度便緩下了腳步。從高尾山纜車站下車後爬向山頂，每隔一段路，就會有小商店賣飲食。天狗蕎麥(烏龍)麵是「高尾山藥王院」前的名產。

我喜歡吃山上賣的一種菜包，裡面包的是「野澤菜」餡。野澤菜別名信州菜，是長野的名產，若去長野縣遊玩時，四處都可見到賣野澤菜的醬菜等相關產品。野澤菜菜包吃起來帶著一點點酸菜口感，熱騰騰的，恰好適合山林裡果腹暖身。

若近傍晚，抵達山頂時的氣溫驟降，可以在山上的小攤買一碗熱呼呼的湯或甘酒。和好朋友湊在樹下一隅，雙手捧著對飲，保證許多年以後，就算在山下喝過再多的甘酒或熱湯，你最難忘的恐怕還是這一碗。

紅葉或多或少，或許都是其次的。最重要的是在燦燦青空下，你知道，你正在摯愛的家族或朋友身旁。

刷上醬汁▼慢慢烘烤而成的烤丸子！

(上)以長野縣名產野澤菜所製作的菜包，吃來帶點酸菜口感又能兼顧健康。(中)表面看似普通的高尾山特製酒饅頭，口感透出淡淡酒香。(下)藥王院境內攤販所販賣的烤丸子堪稱人氣點心。

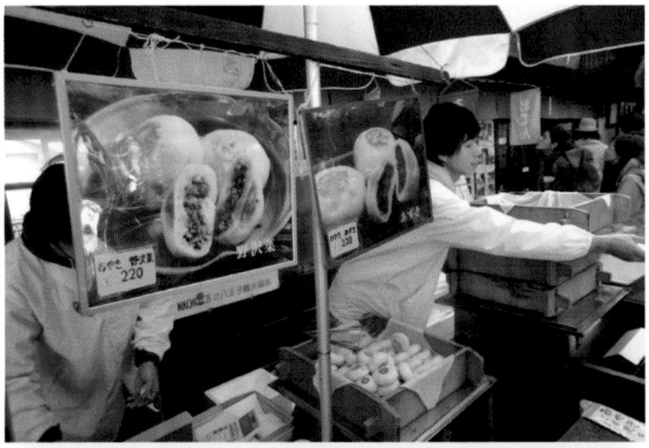

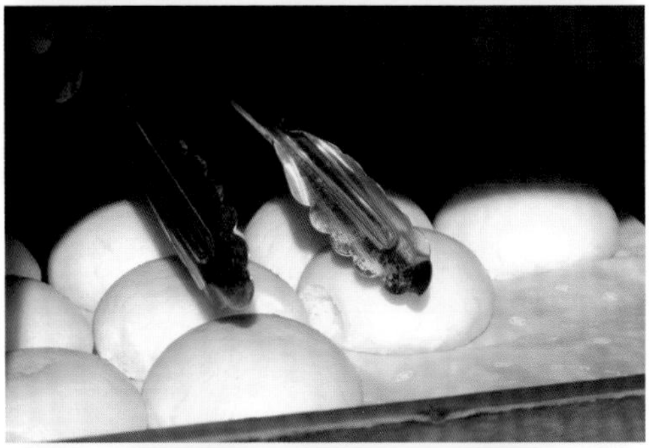

小江戶川越知名的時之鐘。

3

小江戶
川越

かわごえ

－穿越時光，穿越紅葉－

ACCESS

所需時間

50～60分鐘

前往方式

- 西武新宿站 ---西武新宿線--- 本川越站
- 新宿站 ---JR崎京線--- 大宮站 ---JR崎京線--- 川越站
- 池袋站 ---東武東上線--- 川越站

當地交通

- 徒步10分鐘，可到主要景點—川越一番街。
- 小江戶景點周遊巴士：
  可購買一日周遊券，在「川越站」搭乘，行經主要街區。
- 小江戶巡迴巴士：
  可購買一日周遊券，「川越站」、「本川越站」搭乘，行經主要街區。

來到川越一番街，
宛如京都的小城內，
昭和風味的洋食店家，
顯得格外特別。

在埼玉縣的西南部有一個名為「川越」的地方，是這幾年一說到東京當日來回的近郊旅行時，經常會提到的地方。特別是二〇〇九年NHK電視台播出了以川越為舞台背景的連續劇「つばさ」（羽翼）以後，此地更是一躍成為每年有六百萬人次探訪日劇拍攝地的熱門觀光景點。

從新宿或池袋出發只需要約一個小時的車程，氣氛瞬間轉換，便能夠抵達有「小江戶」美稱的川越。

SPOT 1

川越一番街

「藏造」式黑色老街屋

川越之所以有小江戶之美稱，是因爲這裡從古早的江戶時代就是個極爲繁華的都市，如今仍保留下來不少江戶時代的老建築與寺院。

這些建築能夠保留下來的原因除了川越本身相當幸運地躲過多次烽火以外，還有一個關鍵點是早在西元一七二〇年間，當時的幕府就在此打造了稱爲「藏造」（蔵造り）的一種建築。這種建築的特徵之一，就是牆壁厚達三十公分，因此完全不怕祝融來襲。西元一八九三年川越發生大火，只有「藏造」建築能倖免於難，此後，大家都起而效尤將房子改建成此種建築模式。這些保留下來的建築，就是現在人氣鼎盛的川越老街——川越一番街。

因此，和其他地方的日本傳統建築有了不同的風格。在川越老街散步之旅，欣賞這些老建築的美也是一種享受。

1 老街裡也有不少特色商店，例如外頭十分少見的種苗店。
2 大排長龍的小江戶橫丁餐廳。
3 由幕府打造的「藏造」建築，最大的特徵便是厚度達30公分的防火牆。
4 藥老街裡有許多仍活躍著的歷史老店，例如這間復古的裱框店。

老街上的水溝蓋也印有「川越」字樣的圖樣！

SPOT 2

時間之鐘

日本的音之百景

川越的象徵性地標是川越一番街裡一座木造的鐘樓，名爲「時間之鐘」（時の鐘）。鐘樓最早建於四百年前，後來經過幾次大火毀損並重建，現在的鐘樓是在一九〇三年重建的。鐘樓每天會在固定的時間敲鐘，被日本政府列爲全國一百個「音之風景」之一。

在川越老街上的建築即使不是歷史建築，也會爲了配合整條街道的氣氛，將建築改建成相仿的外觀。比如，在老街上的郵局也穿上了時光的外衣，陪伴著前後左右那些曾經穿越過歷史的老房子，不斷地送往迎來著故人與新人。

川越一番街除了「時間之鐘」是旅客必然到訪的觀光景點以外，街上以「蔵造り」防火建築工法保留下來的歷史建築，如今也開設了不同風格和種類的商家老鋪。這些老店裡一定會賣的，就是當地的傳統食物了。川越的名產是蕃薯，因此許多的餅乾和甜點都是以蕃薯爲材料製造而成的。比如「初雁燒」就是其中一項名產。初雁燒是以蕃薯切片烘烤而成的仙貝，有分無糖和加糖兩種。建議買無糖的才比較能吃出蕃薯的味道，否則吃加糖的初雁燒，吃到一半簡直會誤以爲自己是在呑砂糖片。

（右）每天固定時間敲鐘的時間之鐘，以被日本政府列入全國一百個「音之風景」之一。（左）盛產番薯的川越地區，處處可見商家販售薯條和番薯棒。

SPOT 3

菓子屋橫丁

穿越時光的菓子屋橫丁

不過，如果你以為所謂的老鋪，就一定是日本的傳統形象，那麼來到川越一番街時肯定會改觀。出乎意料的是這條街上，竟也有不少和風洋食的店家。比如幾間咖啡館，無論外觀或內在裝潢都很有昭和早期時代，歐洲文化引進日本時的復古風情。座落在一番街上與日本傳統商店比鄰而居，顯得格外特別。

有些店家雖然外表乍看之下是很傳統的日本建築，不過看板部份的英文卻保留了從前的招牌樣式。那氣氛乍看之下竟和遙遠的上海十里洋場有幾分神似呢。

一番街走到盡頭，拐個彎，就抵達了另外一條老街，叫做「菓子屋橫丁」。昭和年間這裡曾聚集了七十間以上的糖果屋，如今保留下來二十多間，讓人得以遙想當年的繁華情調。

遺憾的是在二〇一五年六月，一場無情的祝融大火，吞噬掉了菓子屋橫丁其中的五棟木造老屋。所幸幾年後經過重建，如今這條街又重現熱鬧風景。

鼎盛時期曾有七十多間糖果屋的時代，現今僅存二十多間，菓子屋橫丁正是其中一間老字號糖果屋。

（右）西式的磚牆建築與日式的木造建築和諧的並存在老街上。（左）菓子屋橫丁販售的加大版黑糖棒。

住 埼玉縣川越市小仙波町 1-20-1
營 09:00-16:00（境內事務所）
網 www.kawagoe.com/kitain/

（左）環境清幽的喜多院，是東京著名賞楓景點之一。（右）高雅的寺院境內，平時也吸引不少民眾前來參拜。

SPOT 4

喜多院

川越紅葉散步之旅

川越有不少的寺廟，因爲院內種植了不同的樹木花種，於是在不同的季節裡，便成爲了賞花的好去處。像是喜多院，在秋天的季節來訪時，當然看的就是菊花和紅葉了。

在來川越之前，看見了某個車站內張貼的海報，宣傳川越的紅葉季已經開始，不過眞正來到喜多院時，紅葉卻比想像中來得少一些。雖然如此，依然不損「喜多院」美好的景致。和同行的朋友一起在寺院裡邊散步邊聊天，肚子餓了，就挑一間寺院裡的小吃攤位買份章魚燒和日式炒麵，再配上熱呼呼的甜酒，所謂的深秋，原來一點也不寒冷。

楓紅繚繞的觀音菩薩神像，散發一股慈祥氛圍。

住 埼玉縣川越市宮下町2-11-3
營 09:00-17:00（境內事務所）
網 www.kawagoehikawa.jp

（左）冰川神社鳥居。
（右）求姻緣，也求子安產的冰川神社。

SPOT 5

冰川神社

寫下戀愛祈求的繪馬

川越除了主要的觀光地一番街老建築群以外，還有幾個地方是散落在稍微需要一點腳程距離外的地方。比如，冰川神社。世界上大約會有兩種廟宇，從古到今甚至未來都會擁有絡繹不絕的香客。一種是求考試和求職的廟宇；另一種則是求姻緣和求子安產的廟宇。冰川神社正是因爲後者，求姻緣和求字安產特別靈驗而聞名。這是冰川神社出名的舊典故。至於新典故呢？原來是因爲韓國綜藝節目「我們結婚了」曾安排少女時代成員跟CNBLUE成員來過冰川神社，因此現在成了不少韓國遊客、韓流迷來到川越時的必訪之地。

冰川神社歷史悠久，據說西元六世紀就從大宮的冰川神社分支出來而成立。而古色古香的社殿則是在一八四二年所建立的。神社複雜的歷史跟祭祀神明的分野，說眞的，來到這裡拜拜的香客也搞不太清楚。因爲，那對大家來說也不重要。唯一需要搞清楚的，就是求支戀愛籤，並寫下一塊祈求戀愛的繪馬吧。

每一塊繪馬上的心願，說穿了，其實寫的內容都如此相似。偶然看見一塊繪馬，寫著「三個月必定遇見命運註定的男人。拜託神明保佑。」如此清楚明確且單刀直入的「要求」算是繪馬中的特立了。令人感到莞爾，卻又難掩既些許蒼涼。實現了嗎？我忍不住也跟著替她祈求起來。

戀愛繪馬。

住 埼玉縣川越市幸町 6-1
營 10:30-18:00／不定休

SPOT
6

KASUGA

熱騰騰剛烤好的
烤丸子串 ▼

甘味茶房裡的地瓜麵線與納豆

川越市之前因爲ＮＨＫ連續劇「つばさ」（羽翼）拍攝地而成爲熱門觀光景點，近期則因爲韓星CNBLUE與少女時代成員，在韓國綜藝節目「我們結婚了」中於此地拍攝外景，故亦成爲韓流愛好者的朝聖地。

來到川越的重點就是走訪以傳統建築「藏造」所聚集的中央通。在這條老街建築保留區內，有很多商家、食堂和當地傳統甜點名產店。其中一家甘味茶房KASUGA改造了建於明治二十六年（一八九三年）的老房子，以自家製烏龍麵和美味和式點心爲主打，吸引不少遠來遊客上門。

以KASUGA推出的套餐份量來說，這裡是價格相當划算的一間店家。例如我點的滿腹套餐，除了有一大碗地瓜麵線之外，還附上兩串烤丸子，另有小菜跟熱茶，共約日幣八四〇圓。烏龍麵套餐日幣九五〇圓，則除了主食以外還附冰紅茶。特別值得一提的是川越的特產之一是地瓜跟紫芋。在KASUGA店裡的麵線，就是以地瓜爲基底，自製而成含有地瓜成分的麵線。當然不只麵線是自家手工製造，其他如烏龍、日式和風甜點也是標榜自家製的，號稱有著唯有在這間店才能吃到的獨有風味。

另外，KASUGA的一項名產，恐怕是讓大多數的台灣人如我望之卻步的，就是老闆娘自製的「一番藏納豆」。「一番藏納豆」懷舊的三角形包裝跟傳統口味，喚起不少愛吃納豆的日本人共同的記憶。

可惜，我對納豆實在不敢領教，無論有多麼美味，也有如隔行隔山的世界了。還是低頭繼續吃著美味的麵線吧。在下著微雨的初秋川越，熱騰騰的麵線跟湯汁，對我來說，有一天這也將成爲我的懷舊記憶。

（右）KASUGA外觀。（上）烏龍麵套餐（附冰紅茶），是以地瓜為基底的自家製手工麵條。（下）人氣料理地瓜麵線套餐（附兩串烤丸子、小菜、熱茶）。（左）明亮溫馨的店內一隅。

住 埼玉縣川越市元町 2-1-2
營 10:30-17:30／元旦、壞天氣休

標榜外帶的豆藏咖啡，
似乎也很適合一邊散步一邊喝咖啡。

SPOT 7

豆藏咖啡

在板凳上喝咖啡

回到一番街附近的小巷弄裡，發現了這間可愛的路邊小店「豆藏」（マメ蔵）。豆藏店鋪旁是手藝品店龜之助商店，賣咖啡的地方只有一小角。因爲主要是賣咖啡豆的，所以店內沒有設置可以坐的客席。只有在門口擺了一張長板凳，供喝咖啡的客人小歇。

姻緣的實現實在太不可預測了，但祈求一杯香氣濃郁的咖啡，倒不是什麼太奢求的願望。坐在戶外的板凳上，微涼的氣溫裡，一杯溫暖的咖啡靠近唇邊。氤氳的霧氣中，人來人往的風景模糊了起來。那些看不清的面孔，會不會有人與你再相逢？

住 埼玉縣川越市連雀町13-7 大正浪漫夢通
營 08:00-19:00

SPOT 8

大正浪漫咖啡館

在手沖咖啡的蒸氣中感覺百年一瞬

川越的商店街，除了較爲出名的「川越一番街」周邊之外，緊鄰的「大正浪漫通」也有不少可愛商家。例如，這間在「大正浪漫通」上標榜大正時代風格的「SHIMANO Coffee大正館」（シマノコーヒー）就充滿復古風情，很值得在午後走進店裡，小歇一番。

倘若從大正館外頭走過，都很難不注意到這間咖啡館。雖然名爲大正館，但其實這間咖啡館是創業於一九九六年。不是老店，算是一間復古百年前氣氛的店鋪。外觀融合了和風洋式的特色，從建築表面的紋路、窗戶、大門，甚至是店名的字體，都是復刻版的表現。

這是屬於大正的浪漫年代。大正時代（一九一二—一九二六年）在昭和年代之前，是一段留下「浪漫感」的年代。戰爭尚未來到，許多的新觀念開始蓬勃，同時西洋的文化也大量輸入。這年代出現不少像是「大正館」這樣的咖啡館，在當時都是極爲時髦的社交休閒場域。而大正館正是復原了當初的氣氛，讓現代人也能感受幾分時代的風味。假日時觀光人潮較多，建議在平日時來訪。逛完川越以後，在走向車站搭車回家的路上，就進店裡坐坐吧。挑個喜歡的角落，美好的午後，不必趕場。

除了自家烘焙的咖啡以外，還提供各式起司蛋糕。蛋糕簡單，味道或許稱不上多麼令人驚艷，但仍然可口。搭配冷熱咖啡，口感都相當契合。

店裡從櫃檯設置到牆壁裝飾，復刻的用心毫不馬虎。幾張老照片，原來是店長的祖父在大正時代拍攝的青春留影。聽著吧台裡老闆手沖咖啡時，發出的器皿碰撞聲，看著咖啡壺上蒸蒸的熱氣，坐在不遠處的自己，聞到咖啡香氣的剎那，便有了活在當下的時光確切感。

自家製 ▶
烘焙咖啡

（由上至下）大正浪漫咖啡館店舖外觀，兩層樓的老建築令人印象深刻。店主正在吧台準備手沖美味咖啡。牆上懸掛的老時鐘與彩繪餐盤復古氣息濃厚。

4

橫濱
浪漫港邊風情

よこはまのさんさく

－東西相遇的場域－

（上）摩天輪儼然已成橫濱港灣的地標之一，夜間綻放的連續燈光更是耀眼。（下）由明治時代最重要建築師之一的妻木賴黃所擔綱設計的紅磚倉庫群。

ACCESS

所需時間

25 ～ 30分鐘

前往方式

● 澀谷站 / 新宿站 ---（副都心線．東急東橫線 共同營運直通列車）--- 港未來站

● 東京站 ---（JR東海道線）--- 橫濱站 ---（港未來線）--- 港未來站

走在歐風大街，湛藍的港邊，
晴朗的天空之下，
讓海風降落在自己的臉頰上。

說到橫濱，直覺想到的就是那一區全世界最大的中華街，以及港邊摩天輪、紅磚倉庫旁的夜景。去過橫濱幾次，我多半也是在這幾個地方打轉。事實上，真正橫濱展現出歐美異國風情的精髓之地是在元町這個地方。元町非常靠近中華街，僅僅隔了一座橋，氣氛完全迴異。

橫濱有趣的部份，就在於這是一個和洋華三方融合雜處的多元化之地。中華街的華人風情，在越過一條河以後，喧囂雜沓，頓時淡出。取而代之的，是精品匯聚的購物大道。然而，沿著這條悠閒的購物街繼續往下走，迴然不同的風情，又頓時洗刷出另外一番橫濱印象。

Bistro EL ELLA（ビストロ　エルエラ）

住 神奈川縣橫濱市中區元町3-132

營 午餐11:00-15:00、午茶15:00-17:30（僅週、日及例假日供應）、晚餐17:30-22:00／週一不供應晚餐，週二、元旦休

SPOT 1

歐風元町

小狗散步，貴婦採購

過去因爲多是歐美人士居住在此的關係，元町被開發成西洋感味道濃烈的地方。最繁華熱鬧的大街，總長約六百多公尺，大約聚集了將近四百五十間左右大小店鋪。因爲這條商店街是徒步區，建築又洋溢著歐風，在這一區逛街購物，有一瞬間，似乎會覺得自己並不在日本，更難以想像不遠之處就是才啃完包子的中華街了。

這條大街上的店家，除了流行服飾和餐廳以外，還聚集了不少室內設計傢俱店，是另外一大特色。每到週末假日時分，元町街上逛街的人，跟東京市區的穿著打扮都不太一樣。看起來許多人都是非常休閒的造型，但其實那些身上的衣服恐怕都是價值不菲的名牌。仔細注意一下，自然也有不少刻意穿得很自在，但怎麼樣也隱藏不住貴婦氣質的人，穿梭在店面之間。

元町的大街上，牽狗來散步的人出奇的多。當然可以想見，每隻狗都像是出身名門一樣的，打扮得漂漂亮亮。爲了討狗主人的歡欣，許多店家的門口甚至還設置了狗狗專用的飲水台。貴婦購物，小狗散步，正所謂是皆大歡喜哪。

（左）因為遛狗的飼主太多，店家甚至貼心設置狗狗專屬飲水台。（右）最熱鬧的元町仲通總長約六百多公尺，大約聚集了近450間的大小店鋪。

SPOT 2

Bistro EL ELLA

元町仲通上的法義美食

商店街旁有一條小巷子，名爲元町仲通，店家的氣氛和大街有些不同。這條路上，有不少店面不大，但卻相當精緻的咖啡館與餐廳。

這裡推薦的餐廳是Bistro EL ELLA。這間餐廳融合了法式和義式風格，午餐以前菜加主菜的形式，全部都是日幣一〇五〇圓。前菜有三種，包含沙拉或湯品，若另外加日幣三〇〇到五〇〇圓則有份量較多的前菜。主菜通常有四種選擇，包含雞腿肉、本日鮮魚和義大利麵。

融合法式和義式料理風格的Bistro EL ELLA餐廳。

（右）細心維護的前庭花園，似乎可以想見外國人進駐橫濱的昔日風華。（上）充滿歐風的鄉村白色宅院也讓元町注入一股異國氣息。（下）元町一帶造型特殊的六角形電話亭。

SPOT 3

元町公園

洋樓遺址，橫濱往日洋風

橫濱元町的散步路線，從元町購物街的尾端延伸，就會步上一區地勢較爲陡峭的半山坡地。這裡是從前橫濱開港之際，從西方而來的洋人所居住的地方。如今，那些洋人當然早已隨著時光的大河，流向不知名的遠方，僅僅剩下遺留的建築記憶著前塵往事。

元町公園是這半山腰上著名的景點。以元町公園爲中心，擴散出去的範圍便有許多留存下來的洋房。這些洋房多是過去洋人所居住的地方（外國人居留地），只是經過歲月摧殘，許多樓房都在地震等天災中摧毀，因此只能藉由保留下來的遺址，順著後人的解析，按圖索驥揣想當日風情。

大棧橋＆象鼻公園

住 神奈川縣橫濱市中區海岸通1-1-4（港未來線「日本大通」站）
營 展望平台24 小時開放、店家營業時間不一 **網** www.osanbashi.jp

SPOT 4

港見丘公園

眺望橫濱港區風景

至於這一帶完整殘留而修復的洋房，如今則搖身一變，成爲供遊客參觀的庭園，或者作爲與當地歷史相關的資料館等場所。

繞過幾條綠蔭山徑，則會經過一片名爲「橫濱外國人墓地」的地方。這一大片西洋式的墓園，主要分成中區的「山手外國人專用墓地」，下葬著十九世紀到二十世紀中葉的在日外國人，共約四十多國，多達四千多人。墓地因爲屬於私人性質，基本上並不對外開放。不過，在每年的三月到十二月之間的週末假日，則會開放墓園。

離開外國人墓地，一條筆直的道路，會通向這一區地勢最高之處「港見丘公園」。從這個角度望下去的橫濱，或許不是最閃爍的角度，不過，山風之中，幾分歷史斑駁的氣味，倒也讓這裡多了些時間的光澤。

（右）從港見丘公園境內遠眺眼前壯觀的橫濱風景。
（左）橫濱外國人墓地下葬著十九世紀到二十世紀中葉的在日外國人，為私人性質不對外開放。

SPOT 5

大棧橋、象鼻公園

瞭望港邊最佳夜景

看橫濱港灣夜景最佳地點，當屬「大棧橋國際船客中心」的展望平台了。這裡是國內外大型船隻出入港的碼頭，設有許多商店和餐廳。

平台設置成戶外休憩空間，二十四小時開放，可以望見整個港灣，冬日晴天的時候，幸運的話甚至還能望到富士山。白天是家族朋友的聚會場所，夜晚則是約會勝地。從這裡一直通往旁邊的「象鼻公園」可欣賞到如夢如幻的橫濱夜景，令人流連忘返。

象鼻公園白天是家族朋友的聚會場所，夜晚則是知名的約會勝地。

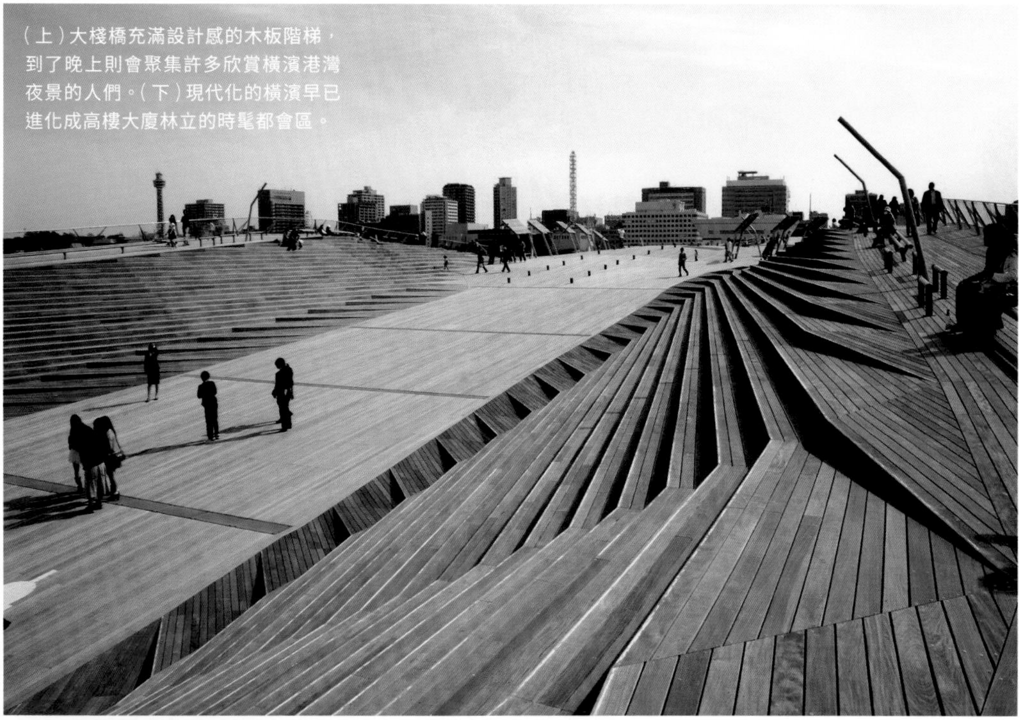

（上）大棧橋充滿設計感的木板階梯，到了晚上則會聚集許多欣賞橫濱港灣夜景的人們。（下）現代化的橫濱早已進化成高樓大廈林立的時髦都會區。

住 神奈川縣橫濱市中區新港1-1-1（地下鐵關內站、櫻木町站，步行約15分）
營 依各店家不同
網 www.yokohama-akarenga.jp

（右）歐風氣息強烈的紅磚倉庫群，充分表現了和洋融合的異國風情。（左）Bills令人胃口大好的香蕉奶油鬆餅。

SPOT 6

紅磚倉庫群

眺餐廳酒館，及夏日花火大會的據點

港都橫濱最美的景色之一，是在橫濱港一排充滿歷史感，並且洋溢著異國情調的紅磚倉庫群（赤レンガ倉庫）。紅磚倉庫群的正式名稱是「新港埠頭保稅倉庫」，在十九世紀到二十世紀之間，擔任進出口關稅事宜的閘口。

倉庫的設計師是由妻木賴黃所擔任的。妻木賴黃在十九世紀到二十世紀初，有日本明治時代三巨頭之一的美稱，是當時最重要的建築設計師之一。如今，在橫濱市內散步，仍能見到一些他遺留下來的作品，例如神奈川縣立歷史博物館。這些建築都充滿了穩重感，歐風氣息強烈，表現出橫濱和洋融合的風格。

現在定名爲二號館的建築是在這群倉庫中歷史最悠久的，在一九一一年竣工。其次是一號館，在一九一三年竣工。一九八九年在保稅倉庫的功能告終以後，二〇〇二年便開始將一號館改裝成文化創意園區，由橫濱市藝術文化振興財團經營。二號館作爲商業設施，開設了許多餐廳、酒館和購物商店，由株式會社橫濱紅磚倉庫負責營運。

紅磚倉庫群和周邊的廣場，白天襯在藍天之下，顯得天高地闊，散步在其中很有歐洲廣場的悠閒氣息。入夜以後，金黃色的燈光打在紅色的倉庫牆身之上，配合著遠方的港都夜景，當然就成爲了全城最爲浪漫的觀光景點。紅磚倉庫群的廣場除了平常提供給會展覽使用之外，到了夏天，這裡也是觀賞花火大會的最佳據點。

來到紅磚倉庫群就該放慢腳步。挑一間喜歡的店家，像是從澳洲來的，以鬆餅和早餐聞名的「Bills」去享受一頓美食吧。或者，也適合買一杯啤酒，坐在倉庫外的石階上聊天。即使什麼話也不說，在晴朗的天空之下，讓海風降落在自己的臉頰上，也令人難忘。

住 みなとみらい線元町中華街站
營 依各店家不同
網 www.chinatown.or.jp

SPOT 7

橫濱中華街

比迪士尼人次還多的觀光地

橫濱的中華街與神戶和長崎的中華街並稱日本三大中華街，而橫濱中華街無論在餐廳數量或佔地規模上應該也是領先的。過去來過東京許多次，但總沒有興趣到橫濱中華街看一看。原因很簡單，總覺得特地來了日本，爲什麼還要看自己文化中的東西呢？當然，更不會認爲來了日本要吃中國菜了。

後來終於有機會去中華街，發現這裡和我去過的舊金山或紐約的中國城不太一樣。這裡更接近於觀光勝地。據說迪士尼樂園一年有一千六百萬人次進場，而中華街的觀光人次是比迪士尼還多的。可見這裡的中華料理，爲日本政府帶來多大商機。

移民到這裡的華人最早是一百五十年前的事情了。現在的中華街已和日本文化相互融合，產生出不那麼中國也不那麼日本的中間文化。而其實融合的不只是兩國文化而已，在這裡，兩岸可真是一家人了。我曾在這裡買過在日本超市不賣的湯圓，包裝上寫著台北湯圓，不過，製造商其實是中國大陸來的。

每一年到了十月一日時，餐廳門外就會高掛五星旗慶祝十一國慶，可沒隔幾天，到了十月十日就會一夜之間全部換成青天白日滿地紅來慶祝雙十國慶。天下大同，困難重重，可是美食當前，什麼都好說。畢竟，民以食爲天哪，吃一餐好的，比什麼都開心。

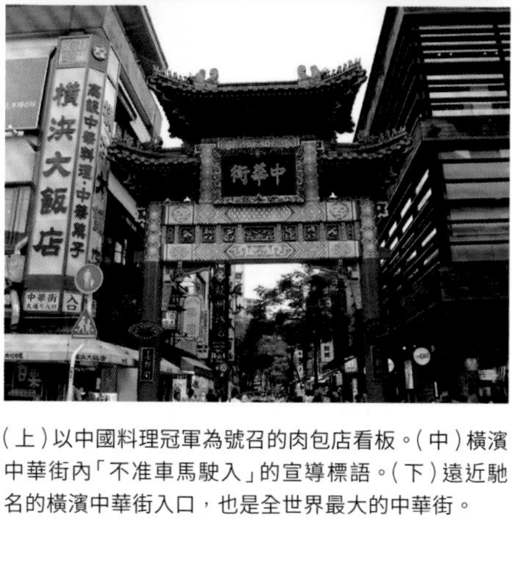

（上）以中國料理冠軍為號召的肉包店看板。（中）橫濱中華街內「不准車馬駛入」的宣導標語。（下）遠近馳名的橫濱中華街入口，也是全世界最大的中華街。

SPOT 8

杯麵博物館

安藤百福發明紀念館

泡麵這種東西無論怎麼說，都不可能掰成是健康的食物，但偏偏我們偶爾還是會想要吃一下。泡麵雖然稱不上是生活裡的必需品，但確實帶來了一點食感的趣味性。日清泡麵在橫濱開了一座杯麵博物館，規模比大阪既有的杯麵博物館更大。因爲這裡別稱爲「安藤百福發明紀念館」，所以顧名思義著重的不只是展示泡麵歷史或體驗自製客製化泡麵，更重要的是想要透過互動式展覽，傳遞出日清創辦人安藤百福的創新思維和企業精神。

安藤百福從年輕到老，永遠充滿好奇心和創造力的精神，被日清食品視爲企業的理念。因此，在這座杯麵博物館裡，就是希望能夠藉著種種的企畫和展示，在互動的體驗中，將發明泡麵的精神延展開來，讓安藤百福的「創造性思維」（Creative Thinking）傳承給年輕的

杯麵博物館建築外觀，
利用紅白的極簡，
勾勒出令人印象深刻的視覺。

住 神奈川橫濱市中區新港2-3-4
營 10:00-18:00／週二及新年期間休
網 www.cupnoodles-museum.jp

孩子。

在館內的「泡麵歷史方塊展覽廳」裡，可以看見以這五十年來，以年代別所展示的各種泡麵包裝。以設計的角度來看，泡麵的包裝，儼然也成爲一門獨特的設計領域。「百福放映廳」播放的是安藤百福生平的動畫，片子是日文發音，但在放映廳入口可以跟員工索取中文語音導覽耳機。最受到孩子們歡迎的區域，肯定是「小雞麵工廠」與「我的杯麵工廠」了。前者是從零到有，體驗製造泡麵的過程；後者則是自己設計專屬的杯麵包裝，並可以選擇各種配料，組合出自己獨有的杯麵口味。

● 創造思考廳

佐藤可士和擔任藝術總監

不過，對我來說，杯麵博物館最有吸引力的部份是在「創造思考廳」這塊區域。因爲泡麵博物館是交由UNIQLO企業設計師佐藤可士和擔任總監的，因此，在這塊區域，我看到的是佐藤可士和如何將安藤百福提出的六種創造性思維，原本是十分抽象的概念，透過具有美感的物件展示給落實出來。

我很喜歡杯麵博物館的建築設計。從外觀的簡單俐落，延伸到室內空間，利用極簡的紅白兩色調，勾勒出線條符號化的視覺性。大廳入口挑高的屋頂，引進自然光，同時還能瞥見藍天，盈滿著一股充滿穿透性的希望。使人不禁讚嘆，杯麵博物館的建築空間，本身就是一座美麗的設計品。

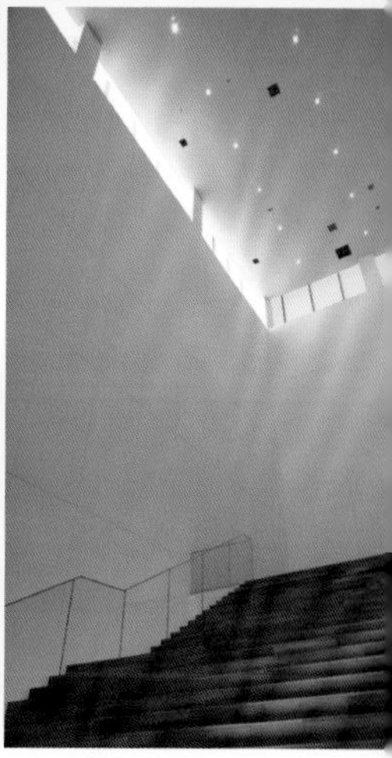

（上）日清食品創辦人安藤百福正是永不放棄的最佳模範。（右）大廳入口挑高的屋頂，除了引進自然光，還能瞥見藍天景緻。（左）館內的「泡麵歷史方塊展覽廳」裡，可見五十年來的泡麵包裝演進史。

i 世界上第一碗泡麵

世界上第一碗泡麵的發明，正是來自於日本的日清食品。創辦人安藤百福在一九五八年發明了第一碗泡麵「小雞麵」以後，又在一九七一年推出第一碗杯麵形式的泡麵，甚至還在二○○五年發明「太空拉麵」，讓飛往外太空想念日本麵食的日本太空人，也可以在無重力之下吃到美味的泡麵。

在漫畫《小叮噹》裡只要打開任意門，哪都能去！

5

藤子・F・不二雄博物館

ふじこ・エフ・ふじおミュージアム

－你好！小叮噹哆啦A夢－

ACCESS

所需時間

20分鐘

前往方式

● 新宿站 ---小田急線--- 登戶站

當地交通

● 卡通接駁巴士：在「登戶站」的站前廣場轉乘。

搭上卡通接駁巴士，走進小叮噹的世界，咬一口記憶麵包，漫畫中場景一一出現在眼前。

哆啦A夢在我們那個年代叫小叮噹，相信這個名字是很多五、六年級生的集體記憶。記得小時候在巷口理髮廳等待剪頭髮時，在椅子上總會放著的幾本漫畫裡，小叮噹是肯定不會缺席的。很少聽到有現在的小朋友在著迷哆啦A夢的。既然如此，哆啦A夢應該是屬於我們這個年代的才對，那麼就讓我還是用那個年代的親暱稱呼「小叮噹」吧。

二〇一一年九月三日，以創造出小叮噹的主人，藤子．F．不二雄畫作為主的「藤子．F．不二雄博物館」在神奈川的川崎市正式開幕。這裡蒐集了作家筆下的手稿畫作和相關文物，除了小叮噹以外還包括Q太郎等等作品。透過影像、文件和電影院與主題餐廳等等設施，讓來到這裡的我們，像是跳進了大雄房間抽屜裡的時光機似的，雀躍地拜見這些傳說中的卡通人物。

訂票與進場小提醒

博物館售票與入場方式跟三鷹吉卜力美術館相同，爲了控管入場人數，現場並不售票。必須在出發前到LAWSON便利商店購票，選定要去日期跟時間，然後在指定的時間內前往。

站前廣場有接駁巴士可接往博物館，最受歡迎的是小叮噹專車。不過即使搭到的是Q太郎專車，也會讓人十分開心。從車廂外到車內，吊環到下車鈴，各種細節都佈滿Q太郎的身影，超級可愛的！

一天之內的幾個入場時段，建議最遲選擇兩點，不要選擇四點。因爲最受歡迎的主題餐廳是需要登記號碼排隊的，太晚去了，有可能來不及進餐廳。

處處可見巧思的接駁車，吊環上也印有Q太郎的圖案。

SPOT
1

藤子·F·不二雄博物館

● 一樓展示室

近距離鑑賞原畫真跡

從博物館門口開始排隊，沿途的牆壁櫥窗內，就開始能看見許多可愛的小叮噹漫畫人物的公仔。配合聖誕節即將到來，櫥窗裡佈置下起雪來，公仔戴起聖誕帽來。過了票券檢查口，進了入口處，櫃台有提供中文導讀的隨身聽免費租用。在室內展覽廳內，每一項展出作品都有編號，在導讀隨身聽上按下號碼，就可以聆聽詳細的作品解說。另外，小孩跟大人的機器不同，同樣一件作品的解說編號也不同，要特別留意，免得聽得雞同鴨講。

一進場，逆向操作！二話不說，先直衝三樓的主題餐廳登記拿號碼排。看一看我是兩點進場登記的，拿到的號碼牌，竟然已經要排到兩小時後了。拿到了「愛的號碼牌」以後，小心翼翼放進我的（不萬能）口袋裡，就回到一樓開始正式參觀博物館啦！從一樓的一號展示室開始，我們從藤子·F·不二雄的原創手稿展示，以及重現畫家私密的工作空間裡，以時間爲軸，走進這座日本國民漫畫的世界。

參觀藤子·F·不二雄博物館一樓的展示室，可以徹底了解畫家的作品年表，近距離鑑賞原畫真跡，同時也能從畫家房間的樣品屋裡，琳琅滿目的蒐集品跟書籍中，想像當年畫家在繪製小叮噹漫畫時，受到周圍工作環境什麼樣的互動和影響。

讓小孩愛不釋手的觸控式互動裝置。

登上二樓的展示廳，除了主題企畫室、電影院、漫畫閱讀區與「大家的廣場」以外，還有一個很可能一不小心，就會錯過的「隱藏版」景點。這是在緊鄰休息區的戶外天台外的「樵夫之泉」。

● 樵夫之泉

來看帥版胖虎

樵夫之泉的漫畫典故來自有一次，小叮

住 神奈川縣川崎市多摩区長尾2-8-1
營 10:00-18:00／每週二、新年假期休
網 fujiko-museum.com

根據漫畫中樵夫之泉的橋段量身打造的帥版胖虎。

噹給了大雄一個能夠汰舊換新的神奇泉井。把舊的、不好的東西丟到井裡，女神就會給妳一個一模一樣全新的東西。結果，技安（胖虎）太貪心了，帶一堆舊東西來，一不小心，卻重心不穩，整個人跌進去，出來以後竟然變成了一個帥版胖虎。女神問大雄和小叮噹：「這是你們的朋友胖虎嗎？」兩人急忙解釋：「不是！不是！要更髒一點才對！」結果女神卻說：「因爲你們很誠實，所以這個帥胖虎就送給你們。」搞得小叮噹和大雄面面相覷，不知道如何解決這個並不想收下的禮物。

在博物館裡的樵夫之泉，就是用這個情節製造出現實的場景。用井前方的搖桿，將井水裡的胖虎給轉出來，但是前提是要先排隊。可惜的是，這個從水裡冒出來的胖虎，始終是帥的，並不會眞的從醜變帥。

現在的小朋友們大概對小叮噹也不太熟悉吧，所以費力地搖了半天，感覺大家都一臉困惑。樵夫之泉遂成爲了困惑之泉。

草坪上的卡通人物，
讓人忍不住也想一起躺著做日光浴。

● 室外公園

漫畫場景現實版

到了博物館的三樓的室外公園，就是拍照打卡的地方了。這裡有喜歡小叮噹漫畫的粉絲，魂縈夢牽的任意門實際版，還有漫畫裡總是出現的公園水管場景，還有電影版出現的恐龍，當然還有以金雞獨立造型現身的小叮噹塑像，供大家合影。

想跟任意門和小叮噹合影是得排隊的，但比想像中來得快。至於若是想趴到水管上拍照的話，除非你能跟小叮噹借個「把小朋友暫時變光」之類的道具，否則三根水管上永遠都會爬滿各種姿勢的小孩。哺乳類變身爬蟲類的場面，很難讓你跟乾乾淨淨的水管照張像。

在小叮噹實物場景拍照時，千萬別被小鬼纏身，忘記你的口袋裡還有一個號碼牌！是的，看一看差不多時間，就動身前往主題餐廳，吃「記憶麵包」去吧！

與模樣俏皮討喜的小叮噹合影！

（右）小叮噹電影版出現的恐龍也再次登場。
（左）從三樓室外公園向下眺望藤子F不二雄博物館。
（下）漫畫中的公園水管在此重現，也是小孩最愛的遊樂場所。

● 小叮噹主題餐廳

非吃不可的記憶麵包

藤子・F・不二雄博物館裡最具人氣的地方，並非展館、戶外公園或劇場，而是佔地並不算廣的主題餐廳，這恐怕是當初開館時始料未及的事吧。但爲什麼要那麼拚命去那間主題餐廳呢？正是因爲餐廳裡賣的食物，都可愛非常且極具創意。好不好吃也許是其次了，但光是擺在眼前拍照留念，都覺得心滿意足。

主題餐廳裡提供的餐點，主要以主食、甜點和飲料爲主，如果只是兩個人去的話，想要全部都點，當然不可能，所以需要一點技術。我的建議是如果是中午以後才入館的話，或許主食可以跳過，因爲這間餐廳裡的亮點在於甜點跟飲料。

漫畫裡的「記憶麵包」是非點不可的甜點！以法國蜂蜜土司的煎烤方式，押上巧克力口味的數學公式圖案，再搭配上冰淇淋，口感還不錯。一邊吃一邊想，要是眞的吃下這片土司什麼都能記住的話，究竟是好事還是壞事呢？畢竟，回憶會感覺美好，有時候正在於記憶的模糊吧。

另外也推薦以阿福（新稱：小夫）的臉爲造型的巧克力切片蛋糕。蛋糕的部分是阿福的頭髮，臉的部分則用巧克力粉畫出線條來，十分生動。至於飲料部分，不容錯過的是在咖啡奶泡上，有著小叮噹拉花圖案的拿鐵咖啡！盯著小叮

館內標示方向的是小叮噹的圓手！

（上）印有數學公式的記憶麵包堪稱超人氣甜點。
（下）主題餐廳特製的創意小夫臉巧克力切片蛋糕。

(右)定時上演迷你特別版動畫的劇場絕對讓人驚喜不已。
(左)源自漫畫中謊言800的典故，喝下後說的話都能讓事實成為謊言。

印有小叮噹臉蛋的拿鐵咖啡真令人捨不得喝下！

噹的臉龐，說說看你怎麼忍心破壞，又怎麼捨得喝下去呢？

另外再推薦一款菜單上寫著「謊言800」的飲料。這款飲料最特別的，就是以藥水瓶分裝了兩瓶看起來一藍一橘，顏色詭異，有如化學藥劑的「飲料」。喝的時候將這兩罐藥水混入，飲料的顏色又會變成另外一款色調。

原來「謊言800」是草本茶，典故自然也是出自於漫畫裡的道具之一。只要使用了「謊言800」以後，所有說的話，事實皆會改變成謊言。在漫畫裡，小叮噹離開了大雄，回到未來世界，只留下這個道具。大雄最終因爲不願面對小叮噹的分離，喝下藥水大聲喊出：「小叮噹你再也不要給我回來！」最後，小叮噹終於重返大雄的身邊。口是心非的告白，只有情感親密的對方，才能懂得。

館內在「大家的廣場」裡還有許多公共設施值得一一細看。最後，定時上演迷你特別版動畫的劇場也不容錯過。影片結束後，現場將會發生一件祕密的趣事。是什麼呢？不爆雷，去了就知道。

6

大宮
鐵道博物館

てつどうはくぶつかん

－脣齒相依的電車生活－

位於一樓的
實體列車展示歷史區，
親臨現場更能體會
時代與列車隨時都在進化中。

ACCESS

所需時間 30分鐘

前往方式 ● 大宮站 ---埼玉新都市線--- 鐵道博物館站 ▶ 步行1分鐘

是車站也是鐵道博物館，一場鐵道見習之旅，燃起鐵道迷的熱情。

日本鐵路建設的發達，是全世界有目共睹的。光是東京首都圈的鐵路網，一張密密麻麻的路線圖攤開來，經常會令初次到訪的外地旅客傻眼。不知道自己現在身在何處，想去的地方該從何開始，又在哪裡結束。

事實上，住在東京的人雖然知道這些鐵路的大概行進方位，但也不全然對這些線路的轉乘瞭若指掌。因為每個地方的抵達方式和轉乘次數，可能都因為你正身處的地點而有所不同。他們很仰賴用手機網路查詢電車路線，然後照著建議的方式，選擇時間最快、車費最便宜的路徑。

每天都與鐵道脣齒相依的日本人，對鐵路自然有深厚的感情。在東京都北方的埼玉縣大宮區就成立了一座鐵道博物館，滿足了鐵道迷，也展現日本人對於鐵路建設所投注的努力及熱情。

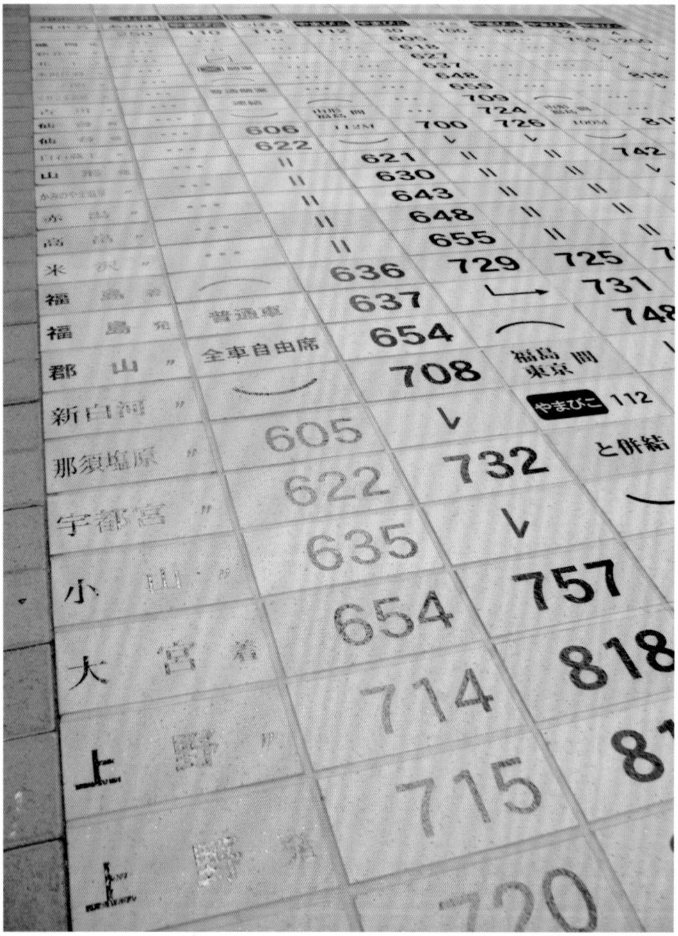

以列車時刻表為創意發想的鐵道博物館入口處地磚。

SPOT 1

鐵道博物館站

可愛的埼玉新都市交通線

JR東日本在二〇〇七年慶祝成立二十週年時，開設了這一間佔地頗爲廣大的鐵道博物館（簡稱鐵博館）。從大宮轉乘埼玉新都市交通線，只需要一站，就會抵達原名爲大成站，後更名爲鐵道博物館站的專用車站。

從車站下車後，整個鐵道的氣氛就逐漸濃郁起來了。首先是會注意到地板。進入鐵博館的入口前，地板上的地磚，很有創意地以列車時刻表做爲設計。

踩著一格格的地點與時間，每一站，也許都封藏著許多的悲歡離合。就這麼走著，彷彿也踏上時光的列車，不知不覺地走向了日本鐵路發展的歷史。

SPOT 2

鐵道博物館

明瞭鐵路與電車的原理

鐵博館的主體建築共分成三樓，以及屋頂花園。先從屋頂開始說起。屋頂花園強調的是可以眺望就在鐵博館旁邊，呼嘯而過的新幹線以及一般電車。因此，鐵博館選擇的建設地點也頗爲用心。讓民眾不只能在館內學習鐵道資訊，也可以臨場體驗。

三樓的鐵路資訊學習室裡，除了能從許多可以親手實驗的器材，來學習車輛的動力跟煞車原理以外，還有一面大窗子，跟屋頂花園一樣，能看到新幹線和一般電車的往來。在窗戶旁貼有一張新幹線的時刻表，對照著表格就能清楚辨識每一班新幹線所使用的迴異車種和類型，十分有趣。這對新幹線鐵道迷而言，是非常實用的資訊。至於二樓跟一樓，就是鐵博館的精髓所在了。帶著從樓上體驗過的鐵道原理知識，接下來，就往更精緻而有趣的見習前進吧！

（上）鐵道博物館的商品部門只見大人小孩專注的挑選火車週邊商品。（右）早期復古的列車站牌，十足的呈現出當地特色。（左）三樓的鐵路資訊學習室附設許多親手嘗試的體驗裝置。

● 列車展示歷史區

坐上曾為民服役的車廂

「火車快飛」這首從小就會朗朗上口的兒歌，其實當我在童年吟唱的時候，並不知道那時候我們的火車，說起來其實跑得並不特別快。因爲就在同一個時期，鄰國的日本的鐵路技術才是眞正的突飛猛進。

一九六四年十月一日東京奧運前夕，日本的第一條新幹線（大阪至東京，東海道新幹線）同時也是全世界第一條客運高速鐵路正式誕生。距離台灣在二〇〇七年二月從日本新幹線系統引進的台灣高鐵通車，營運時間足足早了四十多年的光景。

鐵道博物館的重頭戲在一樓。一樓背對著入口的右手邊，是佔地寬廣的實體列車展示歷史區；左手邊則是電車駕駛虛擬實境體驗區。

走一趟列車展示歷史區，才剛剛踏進入口而已，相信無論是對鐵路有沒有興趣的人，一定都會被這些充滿時間況味但依然保有其精細感的車廂給吸引。不只是看看而已，還可以踏進這些曾經爲民服役的車廂。坐在椅子上，雖然未曾歷經過那個年代，但一剎那，腦海中彷彿也閃過電影《幸福的三丁目》的片段，可說是名符其實地走進了時光列車裡。

列車展示歷史區供分成八大主題：日本鐵道的黎明期、擴展到全國的鐵路網、特急列車的誕生與通勤運輸的開始、大量輸送與電氣化時代、全國特急列車網路的成形、新幹線的誕生、貨物運送的角色扮演，以及皇室專用客車的歷史。

● 日本鐵道年表展示步道

展現日本鐵路進展過程

我一向對具有「年代進展性」的事情很有興趣。所以，雖然我並不是個鐵道迷，但是在鐵道博物館的列車歷史展示區內，看著這些年代進展的電車演化史，便獲得了相當的滿足感。與其說我有興趣的是列車，不如說在意的是在這些列車發展的年代中，那時候的人們到底是過著怎麼樣的生活，如何與這些鐵路發生互動。於是乎，一些實際發生過的，

（上）一樓的列車展示歷史區展示了早期行駛的電車車廂，復古外形讓人宛如回到當年。（中）一樓的電車駕駛虛擬實境體驗區重現了早期的站務員剪票服務。（下）曾為民服役的車廂現在開放民眾試乘，這下真的走進了時光列車裡。

住 埼玉縣埼玉市大宮區大成町3-47
營 10:00-17:00（最後入館時間16:30）／新年期間休
網 www.railway-museum.jp

或者我腦海中想像的故事，隨之而生。

在歷史區的中央有一個大轉盤似的圓環區域，中間放置了一列蒸汽火車。這節車廂是昭和戰前時期，日本火車邁向活躍的黃金年代的象徵性代表。每到了定點時間，鐵道博物館的工作人員就會在此展示火車在機廠廠房，是如何運用轉盤來掉轉方向的。最有趣的是火車駕駛員會重現當年的蒸汽汽笛聲。現場工作人員好心提醒現場觀眾，汽笛的聲音很大聲，也許會有小朋友會被嚇到，請作好心理準備。

鐵道博物館內展示了珍貴的一九〇八年台灣縱貫鐵路通車時的紀念明信片。

「嗡——」的一長聲，確實響亮，整座博物館的室內都震動了起來。身旁的小朋友果然嚇得捂起耳朵躲進爸爸的懷裡，一點也不在乎，今天可能是他第一次知道，時光原來也是有聲音的呢？

在鐵道博物館一樓實體列車展示歷史區的上層，是一個「ㄇ」字形的展示場地，主要是記錄著鐵道的歷史年表。在長達七十五公尺的日本鐵道年表展示步道中，可以一邊知道日本鐵路的進展過程，同時也能一邊對照出在當年世界上正發生的事情。比如，日本在世界大戰前後，統治韓國與扶植中國東北滿州國時，是如何拓展其交通運輸，讓火車能夠從東京出發，利用船舶接駁，進入韓國、朝鮮，最後駛進東北長春的行程。曾經在日本統轄範疇之下的台灣，也記錄在這份日本鐵道發展年表中。比如這裡展示了一九〇八年台灣縱貫鐵路通車時發行的紀念明信片。此外，台灣高鐵是日本新幹線技術首次的海外輸出，對日本人來說是種驕傲，自然也記載在這份鐵道年表上。

● 元祖食堂車
重現餐車的懷舊美味

火車上的餐車車廂，在日本稱作「食堂車」。而對許多日本人來說，所謂的食堂車的代名詞，就是目前在鐵道博物館一樓開設的「旅のレストラン・日本食堂」（旅的餐廳）。在這間餐廳裡，重現了過去在食堂車上提供的餐點，菜單上的飯類、甜點和飲料，都溢滿著濃濃的懷舊香味。就連使用的餐盤，也仿照當年火車上的樣式。

主餐方面，有懷舊列車食堂的牛肉濃湯、牛肉燉飯、咖哩飯、義大利麵……等，另外還提供可愛的孩童餐。最為推薦的是點心部份。固定提供的人氣商品有名為懷舊食堂車蘋果派，以及懷舊食堂車焦糖布丁。吃著盛在鋁製小碗裡的布丁，那樣的樸實質感，彷彿也和台灣的鐵路便當有了記憶的連結。

所謂的美食，所謂的記憶，其實一直都是那麼密不可分的。

◀ 鐵道博物館的超人氣點心：懷舊食堂車焦糖布丁！

4

4

東京歲時記

在祕密的基地裡哪也不去，
揮霍幾個小時，換取一季的回憶。

1 春日東京
替春天暖場的河津櫻，與女兒節人形展

2 夏日東京
喧騰的神社祭典，以及花火大會

3 秋日東京
愛宕神社爆黃的深秋銀杏，
及昭和紀念公園的紅葉禪味

4 冬日東京
寒冬裡的繽紛！
聖誕華燈、新年初詣、滿開梅花祭

舊中川河津櫻。

1

春日東京

はる

替春天暖場的河津櫻
與女兒節人形展

如果氣候沒有過度異常的話，東京最佳的賞櫻時節平均是落在每年的三月底到四月第一週。不過從二月底到整個三月，在所謂的「本格派」櫻花季尚未到來之前，我們雖然見不到落英繽紛的染井吉野櫻，但其實依然能看到其他品種的美麗櫻花，那就是河津櫻。對我來說，河津櫻就像是演場會前暖場的ＤＪ，或許不被認爲是日本春櫻的主秀，卻也擔綱重要的角色。因爲河津櫻毫不遜色的綻放，爲春日拉開了序幕，彷彿暗示著花開了天氣暖了，久違的人們該準備團聚了。

●舊中川河津櫻、都立汐入公園
賞櫻好日子

「櫻花不是粉紅色的嗎？爲什麼會那麼白？」曾經聽過不少初次來到日本賞櫻的人，心裡經常浮現如此的納悶。確實啊，畢竟就連各式各樣應景的櫻花季節商品，都是一片深植人心的粉紅，於是帶著那樣的印象實際站在櫻花樹下時，就有了「色差」的困惑。爲了讓櫻花看起來更櫻花，好多人在社群網站上傳照片前，還得特地把櫻花照的色澤修得更粉紅一點，彷彿那樣才符合櫻花美麗的標準。其實那是因爲品種不同的關係。我們慣常說的賞櫻，也就是每一年櫻開花預報所說的櫻花，指的是「染井吉野櫻」。染井吉野櫻的櫻花花瓣，本來就只是淡淡的粉紅，整體來說偏白色。若天氣不佳，缺乏陽光照射時，幾乎感覺不到粉紅色調。所以如果你期待的是眞

（左）都立汐入公園是一座傍著隅田川而建的河濱公園，此處種植的河津櫻也多。
（右）位於江戶川區的「舊中川河津櫻」，在親水公園的岸邊高臺上，河津櫻一字排開。

正更粉紅的櫻花，拍照起來也不會因爲天候而影響色澤，那麼河津櫻就是屬於你的了。

河津櫻是日本原生品種的櫻花，據說是大島櫻和寒緋櫻自然交雜而生，最初被發現在靜岡縣河津町，故得此名。最有名的河津櫻賞櫻地點是在伊豆，如果不想跑這麼遠，其實在東京都內就有値得一去的賞櫻秘境，讓人得以悠緩地享受東京半日慢行。

我喜歡位於江戶川區的「舊中川河津櫻」，在親水公園的岸邊高臺上，河津櫻一字排開，美到目不暇給。搭乘JR總武線電車到「平井」站，再徒步約十分鐘左右即可抵達舊中川。河津櫻盛開的花期長，大約到三月中旬，都是賞櫻的最佳狀態。此地最大的特徵是有櫻花、有河水，還能夠同框青空下遠方的東京晴空塔。再靜心等候一班高架上的電車呼嘯而過吧！一個快門按下，收編以上所有的素材。靜止的畫面已毋須多做解釋，那景緻就是無可替代的東京模樣。

同樣是江戶川區，在地下鐵東西線

都立汐入公園河津櫻。

「西葛西」站附近的「Nagisa公園」（なぎさ公園）是另一個賞櫻地點。這裡種植的河津櫻雖然數量比舊中川多更多，但因爲只是種在公園內，我覺得整個視覺感，比不上舊中川來得美。

如果鍾情於河津櫻與河川的同台演出，又想避開觀光人潮，感受在地居民感，那麼就往荒川區走吧。從「南千住」站徒步約十幾分鐘左右可抵達的「都立汐入公園」，是一座傍著隅田川而建的河濱公園，此處種植的河津櫻也多，視覺感和舊中川相近，也能眺望到遠方的東京晴空塔，但整體腹地更大。同時段還能見到的其他櫻花種類包含大寒櫻、陽光櫻、子福櫻等。汐入公園占地寬闊，非常適合來賞櫻兼野餐。公園內設有戶外遊具，若家裡有小孩的話，帶來此地更是不二之選。汐入公園也種植了染井吉野櫻，三月底，在染井吉野櫻綻放之際，恰好與即將走入花期尾聲的河津櫻相映成趣，那畫面是春日美好的協奏曲。

●東京雅敘園「百段階段」、淺草橋女兒節季節行事

位於目黑的「東京雅敘園」的空間感，一直是我覺得在東京眾多的飯店之中，最有戲劇張力，同時也最和風典雅的地方，隨處都飄散著濃郁的藝術氣息。從一樓入口大堂開始，沿著向前行走的動線，會經過一片片日本傳統壁畫的裝飾。戶外的日式庭園，山水造景讓人心曠神怡；室內穿越一條藝術水塘的長廊後，則有豁然開然的ATRIUM GARDEN。挑高的透天屋頂引進日光降落，停泊在中庭的咖啡座，而側旁的日本料理店直接打造一幢室內林園的傳統建築，空間的層次感令人驚喜。當然，無論這些多麼華麗，都還是比不上只有東京雅敘園才擁有的獨家特色，那就是被指定爲東京都有形文化財產的古

蹟「百段階段」。

百聞不如一見，其實絕大多數東京人來到雅敘園是爲了一見「百段階段」。日文的「階段」是中文「階梯」或「樓梯」之意，「百段階段」顧名思義就是有一百級的階梯。雅敘園的「百段階段」建於昭和十年（一九三五年），這一棟木造建築其實是雅敘園的舊館，共有七個房間，曾經是舉辦盛大宴會的場地，如今已轉而只作爲展示用途。百段樓梯狹長向上，

目黑的「東京雅敘園」是東京眾多的飯店之中，最有戲劇張力，同時也最和風典雅的地方，而建於昭和10年的「百段階段」更是藝術品般的存在。

舊中川河津櫻
住 東京都江戸川区平井、東墨田
交 搭乘JR總武線至平井車站，
再徒步10分鐘左右即可抵達

都立汐入公園
住 東京都荒川区南千住8-13-1
交 JR常磐線、東京地鐵日比谷線、
筑波快線，至南千住站步行約12分鐘

東京雅敘園飯店
住 東京都都目黒区下目黒1-8-1
網 www.hotelgajoen-tokyo.com/

吉德大光 淺草橋本店
住 東京都台東区淺草橋1-9-14
網 www.yoshitoku.co.jp/shop_01

（左）若在春天「女兒節」來到雅敘園，可以欣賞到慶祝女兒節時製作及擺放的人形玩偶（雛人形）。
（右）販售傳統人形的老舖「吉德大光 淺草橋本店」，四樓還設有人形博物館。

連結每個房間，而每間房都像是座美術館，從天花板、隔門到牆壁描繪，請來當時最傑出的畫家或雕塑家，創造出一個又一個突破有限空間的無限世界。

「百段階段」本身就是藝術品，光是看建築就充滿趣味，而如今七個房間成爲美術館，會定期依照不同主題換展。若恰逢春天「女兒節」時期來到東京，來到這裡可以欣賞到慶祝女兒節時製作及擺放的人形玩偶（雛人形）和微型世界的模型展示。在職人專業的技法中，窺見日本工藝品的細膩，精彩絕倫。如果你對「女兒節」的人形玩偶想了解更多，離開目黑後推薦可前往「淺草橋」，那裡聚集著許多販售傳統人形的老舖，其中「吉德大光 淺草橋本店」四樓還設有人形博物館。

最後關於東京雅敘園「百段階段」要再一提的是，雖然此地名爲「百段」，但實際上只有九十九階。第一百個階梯去那裡了呢？第一百個階梯乃無形之物，存在你的心裡，取決於每個人決定踏出的關鍵一步，就會通往不同的境界。

2

夏日東京

なつ

喧騰的神社祭典
以及花火大會

淺草三社祭。
Photo by 曾啟強

東京從五月進入初夏，在春暖花開之後，氣溫變得舒適。天氣還沒開始炎熱，但屬於夏天的活動已經蠢蠢欲動。

雖然日本的神社在一年四季都有祭典，但總覺得祭典的形象，還是最符合夏天。夏天的神社祭典，熱力四射的歡騰氣氛，可與豔陽高照的氣溫成正比，雖然參與的過程感到又熱又擠，但比起冷冰冰的冬季來說，活動的氣氛還是最昂揚、最盡興。

●淺草神社

初夏的淺草三社祭

在這之中，五月中旬的「淺草三社祭」可謂是第一波的夏日神社祭典，每逢三社祭年度舉辦之際，就有一種「啊！夏天來了」的儀式感。每一年的淺草三社祭在五月第三週的週五、週六和週日舉辦，在新冠疫情前，號稱三天活動的參與人數可多達兩百萬人！

淺草三社祭的正式名稱是「淺草神社例大祭」，舉辦地點就是大家熟知的淺草

每逢三社祭年度舉辦 之際，就有一種「啊！夏天來了」的儀式感。

淺草神社

住 東京都台東區淺草2-3-1

網 www.asakusajinja.jp/

「淺草三社祭」可謂是第一波的夏日神社祭典。

下町，在淺草寺境內（嚴格說起來應該是淺草神社境內），而神轎遊行的區域包括了最熱鬧的「仲見世通」商店街。

很多人可能都有所誤會，以爲淺草三社祭跟淺草寺有關，事實上只有在明治時代以前有關聯，但現在一點關係也沒有。首先得知道，淺草寺跟淺草神社是兩個地方，淺草神社是在淺草寺本堂東側的另一間神社，信仰系統屬於神道，古時舊名爲「三社大權現社」或「三社名神社」，所以三社祭的名稱是由此而來；而淺草寺，也就是金龍山淺草寺，就是我們一般所認知的地方了，信仰系統是佛教。簡單來說，三社祭是淺草神社辦的祭典，但明治時代以前淺草寺跟淺草神社視爲一體，所以淺草寺確實也曾一起參與祭典，但明治年間推行「神佛分離」以後，三社祭就只屬於淺草神社的活動了。

但話說回來，誤會也是情有可原的，畢竟每回祭典的人潮都把淺草寺周邊擠得水泄不通，仲見世通也被遊行隊伍給包場了，而且祭典名稱也冠上淺草兩字，要是沒細究，眞會以爲是淺草寺祭典吧？

關於淺草三社祭有一項流言蜚語，就是祭典的幾個主辦單位，成員多與日本的黑社會有關，其幕後的資金流動多與暴力團體相關，而且十幾年來組織內就有三十幾個人犯法遭到逮捕。早年三社祭抬轎的人常出現全身刺青，但在日本刺青跟黑社會幾乎劃上等號，所以近年來三社祭在極力洗白的行動下，已排除刺青者抬轎遊行。

撇開這些錯綜複雜的事情，三社祭仍是淺草文化的特色之一。總之，在初夏來到東京旅遊，若恰逢三社祭舉辦的時節，請記得繞到淺草來湊湊熱鬧，感受一下神社祭典的氣氛，才算是體驗到日本的夏日風情。

●日枝神社
山王祭・千本鳥居

位於赤坂的日枝神社，一直是東京都內我覺得最具有日本風情的神社之一。周圍是商業繁忙的辦公區地帶，神社座落在一處高丘上，像藏在鬧區裡的秘密基地，拾階而上，車水馬龍忽然就被甩到腦後，遁入幽靜的都會小森林。

日枝神社創建年代不詳，但文獻中早從德川家康打造江戶城時就已提到，因此被視爲鎮守江戶城的神社。一直到明治和大正時代，日枝神社都被日本皇室定位爲「皇城鎮護」等級的神社。原有的建築毀於二次大戰，現在所見到的神社重建於一九五八年。

提到日枝神社，對喜歡拍照打卡的人來說，境內有另外一座「山王稻荷神社」恐怕比日枝神社本身更爲出名。因爲通往山王稻荷神社的稻荷參道上，矗立著一整排延綿不絕的紅色鳥居，一年四季都是超適合拍照的熱門景點。暱稱爲「千本鳥居」的場景，對旅人來說是經

日枝神社／山王稻荷神社

住 東京都千代田區永田町 2-10-5

網 www.hiejinja.net

（右）通往山王稻荷神社的稻荷參道上，矗立著一整排延綿不絕的紅色鳥居，暱稱為「千本鳥居」。

（左）周圍是商業繁忙的辦公區地帶的日枝神社，座落在一處高丘上，像藏在鬧區裡的秘密基地。

典的日本印象，不僅特別吸引著外國遊客，每到夏天也總有喜穿著浴衣的日本網美來此拍照打卡。

然而，眞正讓日枝神社出名的，是夏日的祭典活動。日枝神社每兩年一次會在六月舉辦盛大的「山王祭」（本祭），被譽爲是「日本三大祭」和「江戶三大祭」之一。所謂的日本三大祭，指的是京都八坂神社祇園祭、大阪天滿宮和東京日枝神社山王祭；而江戶三大祭指的則是神田明神的神田祭、富岡八幡宮的深川八幡祭和日枝神社山王祭。無論日本或江戶，山王祭都名列其中，可見其重要的地位。山王祭的本祭或稱大祭是每隔年才舉辦，但另有個小祭「夏越稚兒祭」則是每年都會舉辦，以小朋友爲主的祭典，相當可愛。

山王祭的神轎和山車的遊行隊伍會繞到皇居、丸之內、日比谷和銀座，熱鬧非凡，若六月來到東京時，記得上日枝神社官網確認詳細的舉辦日期。

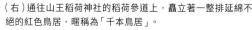

●隅田川・江東・江戶川區花火大會

花火是日本夏天的代名詞。每一年夏天的隅田川花火大會，是日本最盛大的一場煙火祭典。最棒的看花火方式就是在好位置鋪上野餐布席地而坐，邊吃邊喝看花火的施放。

最棒的看花火方式，就是在好位置鋪上野餐布席地而坐，邊吃邊喝看花火施放。

東京夏日最值得關注的三個花火大會，分別是七月份的「隅田川花火大會」、八月份的「江東花火大會」與「江戶川區花火大會」。欣賞熱門的花火大會，大多數的人都是在人擠人的街道上，從人頭的縫隙裡搶看煙火。最棒的方式，還是提早去最佳觀賞地點卡位，挑個不會被建築物擋道視線的角度，或者若有機會購買到進入正式的會場的入場券，在寬敞空間中舒服地看花火還是最棒的體驗。

和新舊朋友一起共享美好的畫面，那些燦爛卻短暫消逝的花火，感動將永存於心底，溫暖的回憶留在日後，供你隨時取用。

受到新冠肺炎疫情影響，這幾項年度盛事的花火大會已停辦數年，原本對於東京人來說已習以爲常的活動，疫情後再次舉辦，心中有著久別重逢的珍惜。

近幾年隅田川花火大會的舉辦日當天，下雨機率特別高。明明下午還是豔陽高照的好天氣，一過傍晚就烏雲密佈，煙火沒放幾發就飄雨。有一年甚至是閃電打雷的狂風暴雨，活動被迫中止。因此提醒各位，東京氣候異常熱帶化，去看花火大會時，背包放把摺傘。

每一年夏天的隅田川花火大會，是日本最盛大的一場煙火祭典。

愛宕神社最棒的時節，絕對
是深秋銀杏滿溢之際。

3

秋日東京

あき

愛宕神社爆黃的深秋銀杏
及昭和紀念公園的紅葉禪味

東京都內地狹人稠，尤其是高樓林立的辦公街區更是寸土寸金，不過，無論再怎麼擁擠的地方，永遠都還是會有小神社的存在。在認爲不可能出現神社的地方，發現原來藏著一間小神社，經常是散步在東京時的小驚喜。這些小神社可能設在大樓的頂樓，也可能藏在大樓與大樓之間的小空地。比起知名的大神社來說，外國觀光客稀少，甚至本地的參拜客也不多，卻成爲上班族忙裡偷閒喘口氣的秘密基地。在平日的午後踏入，常令我有種一秒離開現實，與東京雜沓的人潮，頓時隔絕的奇妙感。

●愛宕神社

在東京都「最高小山」賞銀杏黃葉

在這之中，愛宕神社是我近來愛上的地方。愛宕神社位於繁忙著虎之門辦公街區，不過，嚴格說來這間神社不算是藏在水泥森林之間，而是存在於虎之門的一座「小山」上。是的，你沒看錯，就是一座名爲「愛宕山」的小山。恐怕就連許多東京人都不知道，辦公大樓林立的虎之門地區內竟然會有一座山。這座山標高雖然僅有25.7公尺，但以天然形成的山來說，被認定是東京都23區內「最高」的山。尤其是山手線內區域，基本上沒有天然的山岳，愛宕山的存在更是相當罕見。

日本人非常熱中拿下各種「認證」。因此多年來想要跟愛宕山一爭上下，拿下認證爲東京23區內最高的山的「競爭者」也超多。例如，都電荒川線經過的賞櫻勝地「飛鳥山」一直很想被正式公認爲「都心最高的小山」，多年前花了很大的功夫精密測量以後，結果是25.4公尺，就差愛宕山0.3公尺，不幸敗北。而有競爭，就有歪主意。新宿區內有一座「箱根山」標高44.6公尺，顯然比愛

愛宕神社

住 東京都港區愛宕1-5-3
交 東京Metro地鐵日比谷線「神谷町站」下車步行約5分鐘
網 www.atago-jinja.com

宕山高出很多，四處宣揚是都心23區最高的山。光看數字，確實奪冠了，不過等等，再仔細一看，人家評比的標準是天然地形的山岳耶，新宿箱根山是人造堆出來的，參選資格就不對了，當然最後也遭到罷免。總而言之，愛宕山迄今仍穩坐寶座，而位於山頂的愛宕神社，自然也成爲「山手線圈內最高峰」的神社了。

去愛宕神社最棒的時節，絕對是深秋銀杏爆黃之際。神社入口的鳥居兩側，有高聳參天的巨大銀杏樹，黃葉配上紅色鳥居與湛藍青天，百分百飽滿的色澤，對稱彼此落差的色調，令人目不轉睛。當然，形成這幕震撼的景緻，最居功厥偉就是鳥居背後延伸的陡峭石階了。

這段參道稱爲「出世的石段」（出世：出人頭地），典故與江戶時代的曲垣平九郎騎馬衝上石階擷取梅花，致贈給德川家光有關。因爲這段石階的傾斜達四十度，不僅要馬爬上去很難，就連人一步一步走上去都會感到氣喘吁吁，所以能夠抵達終點者，代表能克服困難，未來必定出人頭地。

實際登階，確實爬到一半就心跳加速，不得不止步小歇，感覺半天的運動量已經達標。當我停下來休息時，回首鳥瞰起點的鳥居和銀杏，與仰望時不同的角度，又呈現一幅讚嘆絕美的景色。想要出人頭地顯然不簡單，但過程之中卻也見證了美好的風景，我想這正是「出世的石段」隱藏的啓示。終於到達愛宕神社，一片豁然開朗。很驚訝藏在鬧區小山上的神社，竟能有這麼一片廣闊的境地。花園水池，休憩茶坊，一片城市秘境的綠洲，成爲虎之門上班族，暫離工作，擺脫庸庸碌碌的日常。

比起拾階上山來說，我反而認爲從「出世的石階」下來時更爲險峻。因爲非常陡峭，一不小心就好像要整個人跌下去。提醒各位，下石階時慢慢走，緊握扶手才行。人往巓峰爬固然辛苦，但是如何小心翼翼全身而退，更需要耐性與智慧。

(上)出世的石段。
(下)城市秘境的綠洲。

●昭和紀念公園
顏料般的漸層紅葉，與開闊的「眾人的草原」

從新宿出發，搭乘中央線青梅特快電車約四十分鐘左右的車程，可抵達在東京都二十三區外的立川市與昭島市之間，一座占地碩大的「國營昭和紀念公園」。

這裡是熟知在東京近郊賞櫻和賞紅葉與黃葉（銀杏）的人，每一年不會錯過的景點。春天賞櫻，日本人習慣以團體為單位借地野餐，熱門時節恐怕人山人海，一位難求。相較於十一月中旬開始的紅葉季節，因為比較沒有如同櫻花宴這般的習慣，因此這時候來訪公園，反而更能感受到園內的悠閒氣氛。

進園不遠處就可以看見「水鳥之池」，紅葉像是在一排同色系混搭的顏料。

昭和公園腹地相當大，全部逛完恐怕得花上一整天的時間。

昭和記念公園於一九八三年開幕，原來這一大片公園的前身是美軍留駐的立川基地，收回後決定以「綠的回復和人間性的向上」為概念，打造出這座有如都會森林般的公園。園內不僅綠意盎然，還擁有許多戶外運動設施，也算是著重於體能發展的場所。順帶一提，雖然這裡名為昭和紀念公園，不少人可能誤以為是在昭和天皇離世後才追思開園。其實，公園是在昭和天皇仍健在時，為慶祝登基五十週年而開幕的。

眾人的草原，有兩個東京巨蛋大。

國營昭和紀念公園
住 東京都立川市綠町 3172
網 www.showakinen-koen.jp/

可以到可愛的小賣店品嚐各式冰淇淋。

整座公園的面積非常廣大，全部逛完恐怕得花上一整天的時間。雖然來回一趟大約恐怕耗盡不少體力，但選一天晴朗好日子，帶著便當陪家人或跟朋友們到這裡野餐，相信美景拓印下來的珍重記憶，絕對讓人還想再次拜訪。

從JR西立川口的大門入園，一進門不遠處就可以看見「水鳥之池」。在池塘畔眺望遠方，目光划過池水，看秋天像是在一排樹上混搭出同款色系中的顏料，從綠葉到黃紅的深淺色澤，參差點綴，那一刻眞覺得大自然非常美妙。

園內最具人氣的地方，當屬「日本庭園」這一區域了。將充滿日本風情的庭園建築，濃縮在這一塊原地裡，配合季節轉換，植物花色更迭，庭園景致亦有多種精彩的表情。當我在日本庭園裡看著秋天的紅楓，確實覺得紅葉搭配古色古香的日式傳統建築，更顯出幾分帶著禪味的詩意。

昭和記念公園內，我最喜歡的是一片名爲「眾人的草原」的地方。這裡是公園內面積最廣大的空間，在占地約有兩個東京巨蛋這麼大的草原中間，雖然只有一顆大樹，身在其中，藍天之下綠草之上，卻足以讓人感覺到一望無際似的遼闊。燦爛的深秋日光中，來一次大口的深呼吸。冷冽的空氣灌進身體裡，和結伴同遊的家人們來一張笑顏合影，從此，這草原在我們的心底便已不是眾人的，而是我們專屬的，記憶的草原。

從六本木之丘櫸坂上方的天橋，下望整條藍白燈泡裝飾的馬路，盡頭的遠方則是搶眼的東京鐵塔。

4

冬日東京

ふゆ

寒冬裡的繽紛！
聖誕華燈、新年初詣、
滿開梅花祭

每到歲末年初，東京就有許多期間限定的燈飾，光采炫目地迎接聖誕和跨年。雖然有很多地方都有燈飾，但住了十幾年，我最偏愛的地方迄今仍沒有太大改變。冬日璀璨燈飾，最愛的仍是銀座大街和丸之內。

疫情前觀光客多，銀座買氣旺，每逢歲末在各家百貨前或精品店前的燈飾，可說是各家爭奇鬥豔。然而受到疫情的衝擊，這兩年來銀座的聖誕燈飾趨向低調，百貨公司少了觀光客爆買後業績不振，不再於門前矗立起奢華的裝飾。對比前幾年的盛況，疫情中實在略顯寒酸。景氣好景氣差，從冬日燈飾的繁華或極簡就能得知，只能說銀座很誠實。期待國境解封後，觀光客回潮，還給銀座一個豪華的冬夜。

●銀座、丸之內、芝公園、六本木

歲末年初的璀璨燈飾

從銀座走到有樂町，經過日比谷，穿越丸之內大街，抵達東京車站，這一段

每逢歲末銀座各家百貨或精品店前的璀璨燈飾。

路每到十二月下旬也是非常美麗。每一年丸之內商圈的冬日燈飾都有主題，除了行道樹跨上燈泡以外，各商場內的外牆或中庭也有符合該年主題的燈光秀。此外，自從東京車站前的KITTE開幕以後，中庭的高聳白色聖誕樹，幾乎已成為東京聖誕景點的最新表徵。丸之內的街道是我本來就喜歡散步的地方，每逢歲暮，街上一字排開的樹上掛起金黃色的燈泡，像是光的隧道，恍若走到盡頭，就可能通向一個新世界。

如果喜歡聖誕市集的朋友，在聖誕節季節來東京，絕對要到芝公園和六本木一趟。在東京鐵塔前的芝公園和六本木之丘（Roppongi Hills）內的廣場，每年會舉辦聖誕市集，可以買到許多可愛的聖誕雜貨，當然現場也能欣賞光彩奪目的燈飾。到六本木之丘除了逛聖誕市集以外，從櫸坂上方的天橋，下望整條藍白燈泡裝飾的馬路，而盡頭的遠方則是搶眼的東京鐵塔，此一場景亦是永恆不敗的冬日都會美景。

即然都到了六本木之丘，那麼就把腳步往前伸一點吧！到六本木中城（Tokyo MidTown）去看看聖誕燈飾和聲光秀，感受東京聖誕的浪漫。每逢燈飾期間的週末或放假，入夜後此地總是人山人海，必須排隊才能入場，因此建議平日晚上前往較優。

芝公園和六本木之丘（Roppongi Hills）內的廣場，每年都會舉辦聖誕市集。

都立芝公園

住 東京都港區芝公園1、2、3、4丁目
交 都營地下鐵大江戶線「赤羽橋」步行2分鐘
都營地下鐵三田線「芝公園」或「御成門」步行2分鐘

六本木之丘

住 港區六本木6-10-1
交 地鐵日比谷線「六本木站」步行1分鐘
網 www.roppongihills.com

每一年丸之內商圈的冬日燈飾都有主題。

KIMONO & YUKATA
HAPPI-COAT
SUZUYA

●淺草寺、築地本願寺
歲末年初的璀璨燈飾

新的一年初次到神社廟宇拜拜，在日文中叫「初詣」，並不限於元旦或新年假期，只要在正月去，都算是初詣。東京幾個出名的神社，平常就已經是人來人往的觀光景點，每逢正月期間更是會吸引大批的初詣人潮。倘若在一月來到東京，去初詣感受一下新年氣氛當然是很棒的，但也得有心理準備，因爲要是在一月的前幾天去，想拜拜的話，你就得大排長龍。

「淺草寺」雖然已經是老掉牙的觀光勝地，卻依然是我認爲東京最熱鬧、最有規模的初詣場所。如果你眞的很有時間也很有耐性，那麼就去投身進水泄不通的人潮，慢慢地去排隊拜拜吧！不然就在隊伍外，遙拜正殿裡的觀音菩薩也行。畢竟拜拜不分角度和距離，心誠則靈。感受淺草寺的初詣熱鬧氣氛，是在境內的屋台攤位吃吃喝喝。從正餐、甜點到飲品，攤位食物琳瑯滿目，好不好吃見仁見智，重要的是傳統的日本風情很到位。

同樣是初詣，我建議可以再到「築地本願寺」走走。因爲這裡是佛教派系，跟其他神社的日本神教體系迥異，初詣拜拜的儀式和氣氛也截然不同。築地本願寺內雖無屋台攤販的歡樂感，卻有一種神聖莊嚴的氣息，來這裡初詣，很有洗滌心靈的感覺，用慎重其事的態度進入新的一年。築地本願寺拜拜不拿香，採佛教的捻香程序，那檀香的味道很療癒身心。喜歡的話，可以到正殿旁的咖啡館和禮品店，那裡有賣以本願寺內的檀香味製成的香包和線香。

好像很多人看日劇都憧憬除夕夜去神社跨年並初詣？如果眞想去，哥誠心建議你選個不有名的小神社去就好。像是明治神宮、淺草寺這些有名的景點，跨年夜去的話，勢必得在寒風刺骨中排上三、四個小時，你想放棄離開隊伍有時都出不來，實在稱不上好玩。沒錯，以上就是我的經驗談。

淺草寺
住 東京都台東區淺草 2-3-1
網 www.senso-ji.jp/

築地本願寺
住 東京都中央區築地 3-15-1
網 www.tsukijihongwanji.jp

（右頁上）東京最熱鬧、最有規模的初詣場所，莫過於淺草寺。
（右頁下）築地本願寺是佛教派系，跟其他神社的日本神教體系迥異。
（左）築地本願寺內部。

●湯島天滿宮、皇居東御苑
冬日賞梅，愈冷愈開花

東京的二月有點尷尬。一月的新年祭典結束了，三月的櫻花季還遠，二月的東京缺乏盛大的節慶，說實在無論是自然景色或人文活動好像都沒什麼搶眼的，而且往往還是一年之中最冷的時候。不過如果農曆春節落在二月，過往趁連假來東京的旅人總還是不少。那麼二月的東京該去哪走走晃晃呢？相較於其他時節，其實二月的東京只是低調而已，它依然保有屬於它期間限定的活動，不少是只有在二月才能見到，值得一看的好風景。

比如賞梅。二月是日本梅花盛開的時節，在東京有好幾處知名的賞梅勝地，但都怪賞櫻這件事情太高調了，令賞梅變得超弱勢。其實在日本的古代，最初是沒人賞櫻的，賞梅才是一年當中最盛大的花季盛事。如果說賞櫻是熱鬧歡騰的一場Party，那麼賞梅就是走進一場安靜優雅的藝文展覽。在寒冬中去看愈

湯島天滿宮早從江戶時代就是著名的賞梅景點。

冷愈開花的梅花，同樣的景點在這時候因花種不同，擁有了不同的景緻。

二月的「湯島天滿宮」（湯島天神）是我最喜歡的東京賞梅景點，這裡早從江戶時代就是著名的賞梅景點，從一九五八年起天滿宮和文京區觀光協會開始舉辦一年一度的「梅花祭」，迄今已超過六十多屆。節慶時間大約落在二月初至三月初，每年可吸引約四十萬人到場。天滿宮祭祀「學問之神」菅原道眞，因爲他鍾愛梅花，所以在全國各地的天滿宮境內，一定都會見到種滿著梅樹。湯島天滿宮內種有約三百多株梅樹，以白梅爲主，樹齡大多已有七、八十年，此外，期間內還會展示藝術感十足的梅花盆栽。天滿宮擁有東京都心最熱鬧的梅花祭，因爲境內會設置臨時的小吃攤販，每逢週末假日開張。賞梅後滿足口腹之欲，讓人感到不虛此行。

來東京是否只去過一次皇居，就沒再進宮過了呢？那麼二月是再訪的好時機。「皇居東御苑」裡面有一條「梅林坂」也是都內值得一去的賞梅勝地。其實這裡以前也有一座天滿宮，所以才種植了梅樹，德川家康建設江戶城時把神社給移走了，留下梅樹的身影。雖然比起湯島天滿宮來說，皇居的梅花園規模較小，但梅花與皇居城郭共存的合影也別有風趣。皇居內天高地闊的散步空間，是都內少有的體驗。

雖然跟梅花無關，但既然進了皇居，就忍不住想提點一下，別忘記去入口處販售皇居紀念品的商店晃晃。我這幾年愛用的折口零錢包是在這裡買的，皮革品質優良且樣式典雅，價格又便宜，只要一千日圓到一千五百日圓而已。日本皇居出品，想當然耳是日本製囉。

完成皇居的賞梅行程，出宮後，就去對面皇居外苑的和田倉噴水公園吧！這裡新開幕了一間星巴克，是日本第一間獲得「Greener Stores Framework」國際認證的星巴克，店內在裝潢陳列、使用的食器和經營方式上，都花上不少功夫，標榜以環保方式經營，期望減低環境負荷。在室內挑個面對玻璃帷幕的座位，或者天氣溫暖時坐在戶外吹風，點杯該店限定版的飲品，一邊欣賞風景，一邊再想想好久不見的東京，你還想去哪裡？

（上）皇居東御苑裡的「梅林坂」是都內值得一去的賞梅勝地。（下）皇居城塆內天高地闊，是散步的好地方。

湯島天滿宮

住 東京都文京區湯島3-30-1

網 www.yushimatenjin.or.jp/pc/index.htm

皇居東御苑

住 東京都千代田區千代田1-1

網 www.kunaicho.go.jp

東京半日慢行
一日不足夠，半日也幸福。走進脫胎換骨的東京！
（暢銷新增版）　原：東京．半日慢行

作者　張維中
封面設計　mollychang.cagw.
內頁設計　IF OFFICE、mollychang.cagw.
執行編輯　紀瑀瑄
校對　邱怡慈、紀瑀瑄、劉鈞倫
責任編輯　詹雅蘭
行銷企劃　王綬晨、邱紹溢、蔡佳妘
總編輯　葛雅茜
發行人　蘇拾平

出版　原點出版 Uni-Books
台北市105松山區復興北路333號11樓之4
Facebook　Uni-Books 原點出版
Email　uni-books@andbooks.com.tw
電話　（02）2718-2001　傳真　（02）2718-1258

發行　大雁文化事業股份有限公司
台北市105松山區復興北路333號11樓之4
24小時傳真服務　（02）2718-1258
讀者服務信箱　andbooks@andbooks.com.tw
劃撥帳號　19983379
戶名　大雁文化事業股份有限公司

二版三刷 2023年8月
定價 460元
ISBN 978-626-7084-59-5（平裝）
ISBN 978-626-7084-62-5（EPUB）

◎本書刊載店家景點資訊為2022年12月資料，請於出發前於網頁再確認。

國家圖書館出版品預行編目（CIP）資料
東京半日慢行：一日不足夠，半日也幸福。走進脫胎換骨的東京！
/ 張維中著. -- 初版. -- 臺北市：
原點出版：大雁文化發行, 2022.12　312面；17×23公分
ISBN 978-626-7084-59-5（平裝）

1. 自助旅行　2. 日本東京都
731.72609　111019873

燕湯
火曜日～日曜日
朝６時開店～夜８時閉店
燕 湯
文化祭